CHRIS BISHOP & CHRIS MCNAB

SEGUNDA GUERRA MUNDIAL

As Grandes Batalhas

TRADUÇÃO
René Ferri

VOLUME 1
EUROPA E NORTE DA ÁFRICA 1939 A 1942

Lafonte
2022

Título original: Campaigns of world war II : day by day

Edição Brasileira

Direção Editorial *Sandro Aloísio*
Tradução *René Ferri*
Revisão *Roberson Mello e Ciro Mioranza*
Diagramação *Amanda Matsuda*
Capa *Marcos Sousa*
Imagens de Capa *Shutterstock*

Dados Internacionais de Catalogação na Publicação (CIP)
(Câmara Brasileira do Livro, SP, Brasil)

Bishop, Chris
Segunda Guerra Mundial : as grandes batalhas : volume 1 : Europa e Norte da África : 1939 a 1942 / Chris Bishop & Chris McNab ; tradução René Ferri. -- São Paulo : Lafonte, 2022.

Título original: Campaigns of world war II : day by day
ISBN 978-65-5870-263-4

1. Guerra Mundial, 1939-1942 - Cronologia 2. Guerra Mundial, 1939-1942 - Europa 3. Guerra Mundial, 1939-1942 - Norte da África I. McNab, Chris. II. Título.

22-107549 CDD-940.54

Índices para catálogo sistemático:

1. Guerra Mundial : 1939-1942 : Cronologia : História 940.54

Cibele Maria Dias - Bibliotecária - CRB-8/9427

2003 Amber Books Ltd
Projeto Editorial: Mariano Kalfors / Charlotte Berman
Design: Graham Curd

Créditos das Fotografias

TRH: 12r, 12h, 13, 16, 20t, 21, 24t, 25, 29, 32t, 32b, 36, 37, 40r, 40b, 41, 44t, 44b, 45, 49t, 52t, 53, 56b, 60, 61b, 64t, 64b, 65, 68t, 69t, 72, 76, 81, 88, 92t, 97, 105, 108, 109, 112t, 113, 116b, 117, 120b, 124, 125t, 125b, 128, 140b, 144, 145,148, 152t, 152b, 153, 156, 157, 160t, 160b, 164, 165t, 168t, 168b, 170, 176t, 176b, 177, 186t, 186b, 191t, 194, 195, 196, 197, 206r, 206b, 207, 210t, 214, 215, 226, 227t, 227b, 234t, 234b, 235, 239t, 239b, 242t,242h

TRH/IWM: 24b, 49b, 73t, 77, 80r, 80b, 93, 104, 129t, 132, 133, 136, 137, 156b, 238, 243

TRH/DOD/TWM: 8-9, 20b, 28b, 33, 48, 52b, 56t, 57, 61t, 68b, 69b, 73b, 89, 92b, 101, 112b, 121, 136t, 141, 149t, 78-179, 187, 191b, 198, 203, 210b, 219t, 230b, 213

TRH/US DOD: 120t

TRH/US Air Force: 129b

TRH/US Army: 85,100, 161, 165h, 183

TRH/USNA: 28t, 28b, 140t, 149b, 218, 222, 223, 230t, 231

TRH/US Navy: 17, 182b, 190, 202, 219b

TRH/USMC: 211

Editora Lafonte
Av. Profª Ida Kolb, 551, Casa Verde, CEP 02518-000, São Paulo-SP, Brasil – Tel.: (+55) 11 3855-2100
Atendimento ao leitor (+55) 11 3855-2216 / 11 3855-2213 – atendimento@editoralafonte.com.br
Venda de livros avulsos (+55) 11 3855-2216 – vendas@editoralafonte.com.br
Venda de livros no atacado (+55) 11 3855-2275 – atacado@escala.com.br

Impressão e Acabamento: Oceano Indústria Gráfica

INTRODUÇÃO

Do leste europeu às estepes da Rússia e selvas do sudoeste asiático, por terra, mar e ar, a II Guerra Mundial resultou em seis anos de conflito sem precedentes.

Em *"Segunda Guerra Mundial: As Grandes Batalhas"*, Chris Bishop e Chris McNab documentam a bravura e o sacrifício, a crueldade e o terror que milhões de homens e mulheres conscritos, assim como gente comum, experimentaram e suportaram diariamente.

Esta obra de referência completa está dividida em três grandes blocos temáticos: a guerra na Europa e no norte da África, da invasão da Alemanha à Polônia, em setembro de 1939, até a queda de Berlim, em maio de 1945; os desdobramentos do conflito de 1942 a 1945; e a guerra no Pacífico, do ataque do Japão contra a base americana em Pearl Harbor, em dezembro de 1941, até a queda de Okinawa, em junho de 1945.

Todas as campanhas são descritas em detalhes e analisadas minuciosamente. Fotos em preto-e-branco e coloridas, mapas detalhados e ilustrações formam painéis evocativos e muitas vezes dolorosos da guerra.

Cronologias exaustivas mostram como a guerra progrediu de um dia para outro, começando como um conflito restrito à Europa e terminando com o uso cataclísmico de armas atômicas no Japão.

A II Grande Guerra permanece como o maior conflito militar da história. Esta obra conta a história das campanhas bélicas dia após dia durante aquela era tumultuada.

ÍNDICE

EUROPA E NORTE DA ÁFRICA

1939 a 1942

TEM INÍCIO A BLITZKRIEG

POLÔNIA É INVADIDA

Setembro de 1939: Hitler assume o risco de que ele pode lançar um ataque contra a Polônia sem que isso provoque outro conflito na Europa.

Em 31 de agosto de 1939, Hitler ordenou a invasão da Polônia. No dia seguinte, o Reino Unido e a França pediram a retirada de todas as forças germânicas e, em face do silêncio desdenhoso com que isto foi recebido em Berlim, consultaram para saber melhor dos implementos de suas intenções em relação à Polônia. Que haviam de ser postos em prática era uma unanimidade, mas como quando isso aconteceria foi motivo de longa discussão e, de fato, permanecia como objeto da controvérsia.

Como resultado de um acordo entre Reino Unido e França, um ultimato foi enviado e ignorado. Às 11h00 do dia 9 de setembro de 1939, o primeiro-ministro britânico Neville Chamberlain fez um pronunciamento pelo rádio, declarando que a Grã-Bretanha agora estava em guerra contra a Alemanha.

↓ Os alemães organizaram uma unidade da SS na cidade livre de Danzig, durante agosto de 1939, que na eclosão das hostilidades juntou-se à polícia de Danzig num ataque a uma agência postal polonesa e à fortaleza de Westerplatte.

LUFTWAFFE EM AÇÃO

Às 4h45 do dia 1º de setembro, bombardeiros e caças da Luftwaffe atravessaram a fronteira e começaram sua destruição sistemática da infra-estrutura militar polonesa. A primeira Blitzkrieg ("guerra--relâmpago") havia começado. A Polônia era um ambiente ideal para guerra.

Além de serem planas, suas fronteiras eram extensas demais para serem defendidas. Ela estava, além disso, flanqueada por inimigos de ambos os lados - a Prússia ao norte e, ao sul, a Tchecoslováquia, recentemente ocupada - sendo que as áreas mais valiosas do país estavam localizadas justamente entre os dois flancos.

A Polônia, de fato, projetava-se como uma língua em território hostil - e em setembro de 1939 seus exércitos estavam espalhados por aquela "língua", ao invés de se concentrar às margens dos rios Vístula e San, onde suas de-fesas estariam mais fortes. Porém, a parte mais fraca e fatal da defesa da Polônia estava na falta de contingentes, pois a massa do exército consistia de 30 divisões de infantaria apoiada por 11 brigadas da cavalaria e duas brigadas motorizadas. Contra elas foram lançadas seis divisões alemãs blindadas e oito divisões motorizadas, junto com 27 divisões de infanta-ria, cujo objetivo principal era o de concentrar as atenções da infantaria polonesa, enquanto as

FORMANDO CERCOS: A QUINTA DIVISÃO DA POLÔNIA

O plano alemão era derrotar o exército polonês com o clássico método de guerrear formando cercos. Os poloneses lutaram teimosamente, mas o profissionalismo e a superioridade numérica alemã resultaram numa previsível conclusão.

forças móveis alemãs seguiam pelos flancos para atingir os centros de controle e suprimentos. Uma hora depois de a Luftwaffe ter atacado, o Grupo do Exército do Sul, dirigido pelo General Gerd von Rundsted, se pôs em marcha, assim como o 8º pelotão do exército do lado esquerdo se dirigia a Lodz, o 14º pela direita no caminho de Cracóvia e da margem do Rio Vístula, e a maior parte do 10º Exército, sob o comando do General Walter von Reichenau, seguia pelo centro, preenchendo o espaço entre as defesas polonesas de Lodz e Cracóvia, juntamente com as unidades móveis do 8º Exército em direção a Varsóvia.

Em 4 de setembro, a linha de frente do 10º Exército estava 80 quilômetros dentro da Polônia, seguindo um caminho curvo em direção à capital e isolando o exército de Lodz de seu suprimento, enquanto ao sul os tanques do 14º Exército chegavam ao Rio San, dos dois lados de Przemysl.

Enquanto isso, o Grupo do Exército do Norte, comandado pelo General Fedor Von Bock, dirigia-se para a Pomerânia e a Prússia: o 4º Exército seguia a margem do Vístula em direção a Varsóvia, o 3º Exército seguia a margem do Bug em direção a Brest-Litovsk, eventualmente juntando-se ao 14º Exército que vinha dos Cárpatos (montanhas localizadas entre Romênia e Polônia).

ESFORÇOS FRENÉTICOS

Assim, dois cercos foram efetivados, o segundo com a intenção de bloquear fugas do primeiro e no final da primeira semana, apenas a emergente confusão provocada pela batalha disfarçava o extraordinário sucesso do ataque alemão. As pontas da torquês haviam se unido com sucesso, mas o caos dentro da armadilha era tamanho que ninguém sabia dizer com certeza o que estava acontecendo. As colunas polonesas marchavam e contra-marchavam em esforços frenéticos para fazer contatos com o inimigo ou com seus próprios apoios, levantando nuvens de pó de tal monta que de uma observação aérea não indicava nada, exceto a movimentação de forças não-identificadas de poderio desconhecido numa atividade irreconhecível, perseguindo objetivos incompreensíveis.

↓ A Polônia possuía cerca de 100 bombardeiros PZL P23 Karas in 1939, mas eles tiveram pouco impacto na guerra. 327 aeronaves polonesas foram destruídas, muitas no chão, e 98 voaram para a neutra Romênia, quando a derrota da Polônia se tornou inevitável.

← Panzer I, veículo de comando blindado, em Radzymin, em 27 de setembro. Um jovem alemão, comandante da tripulação do tanque, lidera uma coluna blindada pela estrada até Varsóvia. A cruz branca era usada como um sinal de reconhecimento dos veículos alemães durante a campanha na Polônia.

BATALHA EM BZURA

Como resultado, os comandantes alemães ficaram em dúvida se a maioria das forças polonesas estava sitiada, assim o 10º Exército blindado foi mandado para o norte para formar outro bloqueio em Bzura, a oeste de Varsóvia. Ali se deu a maior batalha da operação, mas só podia terminar com a derrota polonesa. Apesar de sua desesperada bravura, estavam lutando em desvantagem contra um inimigo forte e bem treinado, que teve apenas que esperar para vencer, porque depois do primeiro dia eles estavam cercados pelas costas pelas tropas do 8º Exército; do lado sul e também do lado norte pelo 4º Exército. Sem surpresas, somente alguns conseguiram passar pelo cerco blindado alemão e se juntar à fortificação em Varsóvia, onde logo se viram outra vez sem saída para o leste, devido ao outro cerco.

Deste duplo cerco, somente uma pequena fração do exército polonês poderia ter esperança de escapar, e em 17 de setembro mesmo essa esperança ruiu. Então, o conteúdo das cláusulas secretas do Pacto Russo-Germânico assinado um mês antes ficou cruelmente revelado, quando o Exército Vermelho veio do Oriente para colher sua parte dos espólios; a Polônia como nação deixava de existir e uma nova fronteira internacional se formou a partir da Prússia Oriental passando por Bialystok, Brest-Litovsky e Lwow, chegando até aos Cárpatos.

→ O exército polonês era pobremente equipado e suas tropas pobremente lideradas. Apesar da direção estratégica fraca e do entusiasmo temerário por táticas ofensivas, os soldados poloneses resistiram por 36 dias; 66 mil foram mortos em ação e 130 mil foram feridos.

TEM INÍCIO A BLITZKRIEG
CRONOLOGIA

A invasão da Polônia foi o início para a II Grande Guerra. Também ilustrou os novos talentos da Alemanha em mecânica da guerra. Em menos de quatro semanas, toda a defesa polonesa caiu diante das táticas da Blitzkrieg (palavra alemã para "guerra-relâmpago").

1939

31 DE AGOSTO
Adolf Hitler dá as ordens finais para a invasão da Polônia.

1º DE SETEMBRO
Nas primeiras horas da manhã, a aviação da Alemanha começou a preparar o bombardeio das defesas polonesas. Por volta das 6h00 da manhã, mais de 50 divisões da infantaria e do exército blindado atravessaram a fronteira em dois grupos principais: Grupo do Exército do Norte que atacou a Polônia através do norte da Alemanha e da Prússia Oriental, e Grupo do Exército do Sul, em direção a Varsóvia, partindo dos Cárpatos da Silésia.

3 DE SETEMBRO
O primeiro-ministro britânico Neville Chamberlain anuncia que a Grã-Bretanha está em guerra contra a Alemanha.

8 DE SETEMBRO
As unidades alemãs começam a penetrar os arredores de Varsóvia, tendo avançado 321 km numa semana.

9 DE SETEMBRO
O exército polonês lança um contra-ataque contra as forças alemãs nas proximidades de Kutno.

Page 10 THE DAILY MIRROR Monday, September 4, 1939

WANTED!

FOR MURDER ... FOR KIDNAPPING ... FOR THEFT AND FOR ARSON

ADOLF HITLER

ALIAS

Adolf Schicklegruber, Adolf Hittler or Hidler

THIS RECKLESS CRIMINAL IS WANTED—DEAD OR ALIVE!

← Um panfleto antinazi dos primeiros dias da guerra. Somente em 9 de setembro de 1939 os bombardeiros ingleses despejaram 12 milhões de panfletos de propaganda sobre Hamburgo, Bremen e Ruhr.

17 DE SETEMBRO
Do lado oriental, as forças soviéticas invadem a Polônia, atingindo Vilnius e Bialystock. Os bolsões isolados de resistência poloneses nas proximidades do Rio Bzura finalmente caem diante das forças alemãs do norte de Lodz. Mais de 170 mil soldados poloneses são feitos prisioneiros.

18 DE SETEMBRO
Vilnius cai em poder dos soviéticos. O governo polonês foge para a fronteira e chega à Romênia e é confinado.

↑ Civis poloneses cavam trincheiras em setembro de 1939. Os poloneses concentraram muito da sua defesa nas fronteiras, que foram facilmente ultrapassadas e cercadas pelos blindados alemães.

19 DE SETEMBRO
Forças alemãs e soviéticas se encontram em Brest-Litovsk.

22 DE SETEMBRO
Bialystok e Lviv caem diante das forças soviéticas.

27 DE SETEMBRO
A defesa de Varsóvia finalmente capitula. Começa a divisão da Polônia entre soviéticos e alemães.

28 DE SETEMBRO
As tropas polonesas sitiadas no forte de Modline a 36 km de Varsóvia finalmente se rendem, depois de um cerco de 18 dias.

29 DE SETEMBRO
Molotov e von Ribbentrop assinam o “Acordo de Fronteira e Amizade Soviético-Alemão”, dividindo a Polônia em zonas Oriental e Ocidental, sob o controle de soviéticos e alemães.

↓ Soldados alemães removem sinais de rua em polonês. O objetivo da ocupação alemã era erradicar a cultura polonesa, especialmente no território anonimamente chamado ‘Governo Geral’, antes centro da Polônia, administrado com rigor pela SS.

2 DE OUTUBRO
O último elemento da defesa polonesa, uma unidade de 4.500 homens sob o comando do almirante Unrh, na península Púbwysep Hela, ao norte de Danzig, se rende às forças alemãs.

EVENTOS INTERNACIONAIS

3 DE SETEMBRO
No Reino Unido, 1,5 milhão de cidadãos — na maioria crianças, mulheres grávidas e mulheres com crianças pequenas — são tirados das grandes cidades, na iminência de ataques aéreos da Alemanha. As forças do exército inglês são mobilizadas.

4 DE SETEMBRO
A RAF, força aérea britânica, perde sete aviões durante investidas mal planejadas sobre as bases navais alemãs em Wilhelmshaven e Brunsbuttel.

10 DE SETEMBRO
Canadá declara guerra à Alemanha.

11 DE SETEMBRO
Mais de 150 mil soldados ingleses são enviados à França para fortalecer as defesas europeias contra a Alemanha.

15 DE SETEMBRO
Rússia e Japão assinam um tratado de paz pondo um fim ao seu conflito em relação à fronteira da Mongólia e Manchúria.

17 DE SETEMBRO
Um submarino alemão, U-29, afunda o porta-aviões inglês Courageous.

22 DE SETEMBRO
O primeiro-ministro romeno Armand Calinescu é morto por terroristas nazistas.

VITÓRIA INCRÍVEL
BATALHA DO RIO DA PRATA

Os "encouraçados de bolso" de Hitler foram desenhados especialmente para ser suficientemente rápidos, para escapar de qualquer outra embarcação que seus canhões não pudessem afundar.

Embora a história não dê exemplo algum de guerra contra o comércio, como recurso para derrotar uma potência marítima, a frota do Kaiser chegou perto de ter sucesso contra o Reino Unido, o suficiente para encorajar Hitler a tentar mais uma vez. Entre os navios construídos com essa finalidade estavam três "encouraçados de bolso" classe alemã (mais corretamente "navios blindados"). Eles foram desenhados com motores de longo alcance e econômicos no diesel para desenvolver velocidades acima de qualquer outro navio mais poderoso, enquanto o armamento e a proteção eram numa escala para ser mais poderosos que qualquer navio mais rápido. No final de agosto de 1939, antes da verdadeira eclosão das hostilidades, dois destes navios, KMS Deutschland e KMS Admiral Graf Spee, juntos e equipados, partiram para seus postos de guerra no norte e no sul do Atlântico, respectivamente. Começando com o navio mercante Clement, perto de Pernambuco, em 30 de setembro, o Graf Spee destruiu vários navios da rota mercantil nos dois meses seguintes, numa enorme atividade depredatória. Nada menos do que oito grupos de caça anglo-franceses foram formados para pegá-lo.

AVISO DE ATAQUE

Em 2 e 3 de dezembro, dois navios ingleses, Doric Star e Tairoa, foram afundados. Cada um transmitiu um aviso de ataque e sua posição, que quando checadas indicaram que o curso do navio alemão ia em direção à rica rota de comércio da área entre Rio de Janeiro e Rio da Prata. Esta região estava sob a proteção do Comodoro Henry Harwood, cuja Divisão de Cruzadores Sul-Americana era conhecida como Força "G". Tendo captado os desesperados sinais dos na-vios mercantes, Harwood ficou convencido de que o Capitão Hans Langsdorff, no Graf Spee, estava indo em direção ao estuário do Prata numa velocidade que indicava sua chegada por volta do dia 13 de dezembro. Harwood concentrou seus três cruzadores disponíveis, o 203 mm HMS Exeter e os gêmeos 152 mm HMS Ajax e HMS Achilles (este com tripulação neozelandesa) a cerca de 240 km da costa do Uruguai, em 12 de dezembro, e comunicou brevemente seus capitães a respeito de suas intenções.

↓ Os canhões alemães em ação durante sua bem-sucedida investida contra navios mercantes no Atlântico Norte. O esquivo atacante germânico afundou o navio mercante armado Jervis Bay antes de retornar para a Alemanha.

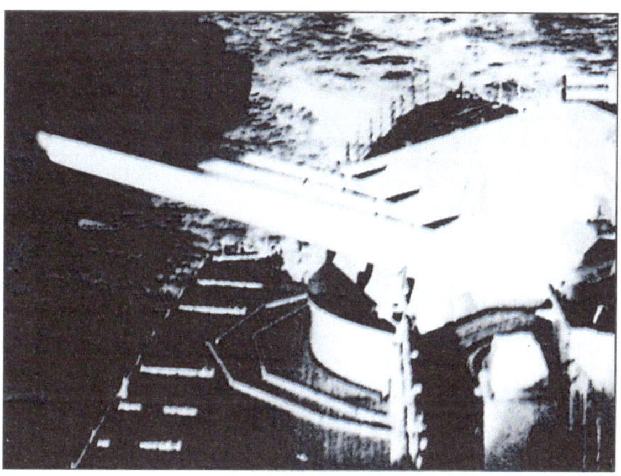

LANGSDORFF: COMO PEGAR UM ATACANTE DOS MARES

Capitão Hans Langsdorff dirigia seu navio com considerável habilidade, indo através do Atlântico Sul para o Oceano Índico, deixando os navios Aliados completamente confusos. Ele afundou apenas nove navios mercantes, mas fez tudo isso sem a perda de uma única vida e, no processo, abateu quatro encouraçados inimigos, quatro cruzadores blindados, seis porta-aviões e mais de vinte cruzadores. Langsdorff tinha a vantagem de ter seu navio equipado com um hidroavião, o Arado Ar 96, famoso por não ser confiável. Ele quebrou pela última vez em 11 de dezembro, e por causa disso Langsdorff não pôde ver além do horizonte a aproximação do esquadrão de cruzadores ingleses.

← O cinturão blindado do Graf Spee de 76 mm e as muito bem protegidas torres eram à prova dos canhões de 150 mm dos cruzadores Ajax e Achilles, exceto em curta distância. Ao contrário, nenhum dos leves cruzadores ingleses aguentaria sofrer mais do que alguns golpes do principal armamento do Graf Spee.

Com certeza, às 6h08 do dia 13 de dezembro o Ajax avistou o inimigo, inesperadamente, do lado nordeste. Langsdorff estava, de fato, contando com a sorte de interceptar um pequeno comboio de cuja presença ele suspeitava devidos a documentos apreendidos em um navio inglês, o Streonshaln, afundado em 7 de dezembro, sem ter havido qualquer transmissão. Ocultados pela escuridão da manhã, os navios de Harwood foram avistados às 5h30 e, confundidos como sendo o comboio, estavam já sendo abordados.

Harwood foi confrontado com um adversário formidável. Contra ele, Langsdorff dispunha de seis canhões de 280 mm instalados em duas triplas torres, mais oito canhões de 150 mm. Equipado com armamento de 150 a 200 mm, sua blindagem vertical de 80 mm prevenia qualquer dano vital ao navio. Somente em velocidade os ingleses tinham vantagem e isto foi usado com bom efeito, com os três cruzadores trabalhando em duas divisões.

O Exeter abordou do lado sul, enquanto os dois outros cruzadores, mais rápidos, trabalharam pelo lado leste; cada divisão podia atirar uma de cada vez e, como se esperava, forçou o Graf Spee a dividir seu poder de fogo. Lagsdorff abriu fogo às 6h17 a cerca de 17.350 m e depois de um começo confuso, concentrou-se na principal ameaça, o Exeter. Ele levava uma vantagem a mais sobre os ingleses por ter um dos dois únicos navios da esquadra alemã equipados com radar, usados para fins bélicos.

Em minutos, o Graf Spee descobriu a distância certa e três obuses de 280 mm atingiram o Exeter, colocando torres da frente fora de ação. Em má situação, atingido pelo fogo e adernando a estibordo, passou a mover-se com dificuldade, dirigindo-se para fora do local de controle e disparando da única torre que lhe restava. Às 6h40, suas condições eram tão ruins que disparou uma série de torpedos para cobrir uma manobra destinada a abrir distância.

Apesar de seu óbvio sucesso, Langsdorff, ele próprio um ex-contratorpedeiro, parecia muito preocupado com a ameaça dos torpedos dos dois cruzadores mais leves. Seus temores resultaram em uma mudança de curso para sudoeste, para o leste e norte e depois para o oeste, voltando em seguida para a costa do Uruguai. Enquanto o Exeter havia atingido o Graf Spee apenas duas vezes, os cruzadores leves o acertaram provavelmente 13 vezes e, apesar dos seus bólidos de 152 mm causarem poucos danos, o efeito psicológico em Langsforff foi considerável.

DÚBIA PROTEÇÃO

Às 7h16, o Graf Spee fez uma súbita manobra como se fosse terminar de vez com o Exeter, ainda presente, mas foi atacado pelos dois outros, o que o fez agir contra o Ajax, atingindo-o três vezes, destruindo duas de suas torres. Com o Exeter obrigado a se afastar mais para o sul para ficar sob a proteção dúbia das Ilhas Falklands, os dois cruzadores disparavam suas primeiras e segundas baterias a uma distância de 7.300 m e, como o navio alemão não podia ser parado, deixaram de pressionar e assumiram o papel de sombra, com a ideia de produzir um ataque-surpresa ao anoitecer. O Ajax agora estava reduzido a três canhões e apenas a 20 por cento de sua munição.

Surpreendentemente, Langsdorff estava determinado a chegar a Montevidéu ao invés de procurar o mais óbvio, o santuário do mar aberto, e atirava apenas quando os ingleses chegavam muito perto. Na manhã do dia 14 de dezembro ele entrou em águas neutras, com um navio ainda em plena capacidade de batalhar e com 36 mortos (os ingleses sofreram 72 baixas).

A lei internacional obrigava o navio a sair em 24 horas, mas os alemães pediram mais tempo para efetuar os reparos. Isso favoreceu os ingleses para que demorasse ainda mais e permitisse a concentração de reforços. A batalha diplomática foi travada de modo a passar falsas informações com o intuito de convencer Langsdorff de que o porta-aviões HMS Ark Royal e um cruzador esperavam por ele.

Na manhã de 17 de dezembro, o Graf Speer saiu para as águas internacionais do estuário. Sua tripulação o abandonou e ele foi a pique, resultando numa coluna de fumaça claramente visível para os navios ingleses que estavam ao longe. Estes eram apenas o Ajax, o Achilles e outro que chegara, o Cumberland, de baixo poder de fogo. No dia 20 de dezembro, desiludido, Langsdorff cometeu suicídio com um tiro. Napoleão uma vez observou que o moral está para o material assim como o três está para o um. Isso nunca foi tão verdadeiro.

↓ Este é o Deutschland, o primeiro dos três navios blindados, construídos para atacar navios mercantes, aqui, visto ao final da guerra. Depois do desastre do Graf Spee foi rebatizado Lützow, para evitar o espetáculo de um navio com o nome de seu país ir a pique. Armado com seis canhões de 28 cm e oito de 15 cm, a categoria 'Deutschland' podia rapidamente esmagar um cruzador convencional.

VITÓRIA INCRÍVEL
CRONOLOGIA

A destruição do encouraçado alemão Graf Spee foi uma das primeiras vitórias dos Aliados na guerra, e um embaraçoso golpe para a esquadra naval alemã. Perseguido através do Atlântico Sul por navios de guerra da Royal Navy, foi finalmente afundado no porto uruguaio de Montevidéu.

1939

21 DE AGOSTO

O Graf Spee, sob o comando do Capitão Hans Langsdorff, sai de Wilhelmsghaven com seu navio de suprimentos, Almark. Seu destino é uma área de vigília no Atlântico Norte.

27 DE SETEMBRO

Graf Spee e o encouraçado Deutschland estão parados no Atlântico Norte, eles têm a missão de atacar os navios Aliados que passem entre as Américas e os territórios do Reino Unido ou britânicos.

30 DE SETEMBRO

O Graf Spee se move para o Atlântico Sul e afunda seu primeiro navio mercante, o Clement, perto da costa do Brasil.

OUTUBRO

O Graf Spee afunda outros quatro navios no decorrer do mês.

NOVEMBRO

O Graf Spee navega em volta da costa da África e afunda o petroleiro Africa Shell, na costa de Madagascar, em 15 de novembro. Em 20 de novembro ele está de volta para uma área de vigília no meio do Atlântico Sul.

↑ O Graf Spee vai a pique no Uruguai, tendo sido destruído pela sua própria tripulação, que assim preferiu, do que deixar que isso fosse feito pelo inimigo. O Capitão Langsdorff, mais tarde, cometeu suicídio; foi o fim triste de uma carreira naval que começou em 1912 e incluía experiência em combate na Batalha de Jutland, na I Guerra Mundial.

Um esquadrão da Royal Navy, que inclui os cruzadores Cucumberland, Exeter, Ajax e Achilles está em sua procura.

13 DE DEZEMBRO

Tendo destruído mais três navios no Atlântico Sul - o Doric Star, o Tairoa e o Streonshalh - o Graf Spee segue para a área do Rio da Prata do Uruguai para o último combate da rota de navios da América do Sul.
Ele é avistado na manhã do dia 13 pelo esquadrão inglês comandado pelo Comodoro H.H. Harwood.

6H14

O Graf Spee abre fogo contra os cruzadores Ajax e Achilles, enquanto o cruzador Exeter manobrava pelo sul.

6H40
O Achilles foi danificado por bólidos disparados pelos canhões de 28 cm e 15 cm do Graf Spee.

6H50
O cruzador inglês Exeter está seriamente danificado pelo fogo alemão. Somente uma de suas torres está operável e ele está em chamas.

7H25
O Ajax perde duas torres para o acurado disparo dos canhões do Graf Spee.

7H40
O Ajax e o Achilles se retraem para evitar piores danos. Eles seguem o Graf Spee, mas ficam numa distância que os disparos não podem alcançá-los.

7H50
O Exeter sai de ação e segue na direção das Ilhas Falklands.

8H00
Apesar dos pequenos danos sofridos por seu navio, Langsdorff leva o Graf Spee para o porto de Montevidéu, no Uruguai. Os cruzadores ingleses o seguem mais de perto.

12H00
Graf Spee entra no porto de Montevidéu. Langsdorff pretende aproveitar a parada para fazer reparos em seu navio. As autoridades inglesas pressionam diplomaticamente o governo do Uruguai e consequentemente são dadas 72 horas para que Langsdorff faça os reparos e deixe Montevidéu.

17 DE DEZEMBRO
Langsdorff é levado a crer que uma grande força da Royal Navy o aguarda na saída de Montevidéu. Sentindo que sua situação é sem esperanças, ele ordena que o Graf Spee seja afundado.

20 DE DEZEMBRO
Langsdorff comete suicídio.

EVENTOS INTERNACIONAIS

1939

17 DE SETEMBRO
A União Soviética invade a Polônia do lado oriental em apoio às operações alemãs que estão ocorrendo no oeste do país.

21 DE SETEMBRO
Uma ordem de Reinhard Heydrich, líder do Reich Security Main Office (RSHA - Primeiro Gabinete de Segurança do Reich), manda que os judeus poloneses sejam confinados em áreas de gueto. É uma medida para facilitar a "Solução Final" - a deportação e extermínio dos judeus da Europa.

27 DE SETEMBRO
Varsóvia cai no domínio alemão e a Polônia efetivamente se rende. O líder polonês Gene-ral Wadyslaw Sikorski estabelece um governo polonês no exílio, em Paris.

29 DE SETEMBRO
Lituânia, Látvia e Estônia assinam acordos de "mútua ajuda" com a União Soviética.

14 DE OUTUBRO
O encouraçado inglês Royal Oak é levado a pique pelo submarino U-47, em Scapa Flow.

30 DE NOVEMBRO
A União Soviética invade a Finlândia. As tropas finlandesas sob o comando de Marechal de campo Karl von Mannerheim infligem terríveis baixas nos agressores russos, enquanto a campanha se desenvolve.

3 DE DEZEMBRO

A Finlândia apela para a Liga das Nações, pedindo ajuda para resistir à invasão russa.

4 DE DEZEMBRO

A União Soviética não reconhece a intervenção da Liga das Nações, dizendo que está simplesmente apoiando o novo Governo do Povo finlandês, proclamado por seu líder Otto Kuusinen.

14 DE DEZEMBRO

A União Soviética é expulsa da Liga das Nações.

A BATALHA DA FINLÂNDIA
A GUERRA DO INVERNO

Em 1939, a USSR (União Soviética) expande suas fronteiras à custa de vários países vizinhos. Mas a Finlândia se recusa a ser coagida.

A Polônia não era o único país a figurar entre as cláusulas secretas do pacto russo-alemão de 1939. Elas também mencionavam as repúblicas bálticas da Estônia, Látvia e Lituânia, juntas com a Finlândia, colocadas todas na esfera de interesse da União Soviética. Joseph Stalin, tendo assistido ao exército de Hitler conquistar uma pequena nação tão espetacularmente, pareceu sentir que era hora do Exército Vermelho trazer para ele algum ganho similar.

Pressões políticas e realidades geográficas foram suficientes para persuadirem as três repúblicas bálticas a assinar tratados de mútua cooperação, o que permitia à USSR estabelecer guarnições e bases dentro de suas fronteiras. Entretanto, a Finlândia sentiu-se protegida em sua área mais vulnerável pelo Golfo da Finlândia e pelo Lago Ladoga e também pela floresta, pântanos, lagos e pelas íngremes distâncias glaciais, que faziam com que suas fronteiras se expandissem do Lago Ladoga até o Oceano Ártico. Os finlandeses também acreditavam que suas forças armadas seriam suficientes para conter a primeira onda de invasão e que aquele sinal de David enfrentando o Golias soviético iria provocar a ajuda ativa do resto do mundo.

→ A Guerra do Inverno aconteceu numa terra pouco habitada, de floresta e pântano, com um terrível clima de inverno. Desde o sul de Oulu, o país é muito arborizado e ruim para unidades mecanizadas. Na seqüência da invasão alemã na Rússia em 1941, a Finlândia retomou os territórios que havia perdido em 1940, somente para voltar a perdê-los, além de outras áreas, depois da II Guerra Mundial.

→ As grandes colunas de tropas soviéticas que invadiram a Finlândia central foram divididas em dezembro. Em grupos diminutos ('mottis') cerca de 30 mil soviéticos foram mortos ou capturados nas imediações de Suomussalmi, muitos congelaram até a morte, depois que seus suprimentos acabaram. Estavam aniquiladas as divisões soviéticas 44ª e 163ª.

VANTAGENS ESMAGADORAS

Em 28 de novembro, depois de dois meses de assédio verbal de Molotov e o desafio dos líderes finlandeses Paassikivi e Tanner, a USSR rompeu as negociações e atacou as defesas finlandesas dois dias depois, e parecia a princípio que os finlandeses estavam certos.

Com certeza, toda Europa Ocidental e EUA aplaudiram a determinação da Finlândia — e o sucesso militar finlandês no começo excedeu a todas as expectativas. Apesar do tamanho do exército finlandês (no seu pico, nunca maior do que 16 divisões), apesar de limitado na artilharia e na munição pesada, apesar de limitado em transporte, equipamentos e da total ausência de blindados, ele foi capaz de conter o ataque soviético, que surgiu do istmo de Carélia, chegando junto da Linha de Mannerheim (principal ponto de defesa finlandês), do Golfo da Finlândia até o Rio Vuoksi. O Finnish II e o III Corps (exércitos finlandeses) de fato rechaçaram o 7º e o 13º Exércitos soviéticos, infligindo pesadas baixas na infantaria do Exército Vermelho por conta de sua destreza com o fogo de seus rifles e metralhadoras, e do uso de bombas incendiárias contra os tanques soviéticos. Em 22 de dezembro, depois de seis dias de combates sem tréguas, uma linha de defesa aparentemente intransponível, os soviéticos cessaram suas ações e recuaram para se reagruparem e repensarem. As coisas não foram tão bem para os finlandeses ao norte do Lago Ladoga.

↑ Os ataques soviéticos em dezembro de 1939 eram tão mal planejados que os finlandeses com submetralhadoras eram enfrentados por pequenas levas da infantaria soviética, sem nenhum suporte efetivo de tanques ou artilharia. O conseqüente banho de sangue parou o Exército Vermelho em suas trilhas.

Seis divisões do 8º Exército soviético atravessaram a fronteira e avançaram implacavelmente para a linha de defesa finlandesa entre Kitelä e Ilomantsi. Mas fazendo isso, eles haviam ficado reféns da sorte: incrivelmente, os russos não tinham tropas de esquis, enquanto que cada soldado finlandês era bem treinado com esquis e sabia usá-los no contexto militar. As divisões soviéticas ficaram, então, isoladas de comunicação e suprimentos; pequenas formações foram dizimadas, algumas unidades aniquiladas completamente.

→ O 14º Exército soviético lançou uma vigorosa ofensiva realizada em Petsamo para afastar uma possível aterrissagem anglo-francesa. Mas os finlandeses não puderam parar o avanço soviético e eles foram chegar além, perto da fronteira norueguesa.

↑ As tropas finlandesas estavam desesperadamente com pouco equipamento, mas suas dificuldades foram exacerbadas pela mera variedade de diferentes armas providas por nações amigas. A Suomi M1931 era feita na Finlândia e foi uma das melhores SMGs (submetralhadoras) existentes. Era robusta, acurada, confiável, mas estava sempre em falta.

FINLÂNDIA DESAFIADORA

Mais longe, ao norte em Suomussalmi, a 163º divisão soviética ficou cercada até 29 de dezembro, quando então se desfez completamente; os sobreviventes fugiram através do ermo congelado, abandonando 11 tanques, 25 canhões e 150 caminhões para os vitoriosos.

Mas é claro, isso não poderia prosseguir. Primeiro, embora o Reino Unido, França, USA e Suécia anunciaram o desejo de ajudar, pouco produziram nesse sentido — os dois primeiros porque precisavam de todos os seus recursos para seu próprio uso, os outros dois por causa de sua neutralidade cuidadosamente cultivada; segundo, porque quando planos foram feitos para enviar reforços ingleses e franceses, a Suécia lhes recusou a permitir sua passagem.

No começo de janeiro, Stalin havia decidido dar um fim àquela situação. O comando foi dado ao General Semyon Timoshenko, a artilharia foi trazida e em 15 de janeiro a destruição sistemática da Linha de Mannerheim começou.

As tropas finlandesas passaram seus dias em trincheiras e as noites tentando desesperadamente reconstruir os blocos de concreto destruídos e os postos de tiro arrasados. Logo, eles também tinham de passar toda noite tentando combater os tanques soviéticos. A completa exaustão determinou o final da Linha de Mannerheim, e na sequência, de cada linha de defesa finlandesa.

O CAMINHO PARA HELSINKI

No começo de março, os soviéticos os empurraram para a retaguarda, para Viipuri, e dali a linha de defesa finlandesa se curvou para trás, indo quase para Tali e dali para Vuosalmi, daí, os russos avançaram contra a defesa de Taipale no Lago Ladoga. Em 3 de março, Timoshenko enviou um batalhão e uma brigada para Vilajoki. Então, as posições finlandesas foram atacadas e foi aberto o caminho para Helsinque.

Em 13 de março, curvando-se ao inevitável, o primeiro-ministro Ryti assinou o Tratado de Moscou, que fazia as fronteiras russo-finlandesas voltarem a ficar mais ou menos onde foram demarcadas por Pedro, O Grande, em 1721.

A BATALHA DA FINLÂNDIA

CRONOLOGIA

A conquista russa da Finlândia demonstrou a terrível inadequação das táticas soviéticas em 1939. Custou aos soviéticos mais de 200 mil mortos para subjugar o país; os heroicos finlandeses contavam com menos de 25 mil homens na resistência.

↑ A população finlandesa rapidamente se mobilizou para cavar extensos sistemas de trincheiras para infantaria. A notar a configuração em ziguezague para prevenir que o fogo de pequenas armas pudesse atingir toda a extensão da trincheira.

1939

30 DE NOVEMBRO

As forças russas invadem a Finlândia. Usando cinco exércitos, entram na Finlândia atravessando ao longo das fronteiras ao sul e ao leste, e Helsinque é bombardeada duramente. As tropas finlandesas, sob o comando do Marechal de campo Baron von Mannerheim, resistem bravamente.

1º DE DEZEMBRO

A Rússia estabelece um governo finlandês-soviético em Terijoki (1), sob a liderança de Otto Kuusinen.

5 DE DEZEMBRO

Os russos chegam do outro lado do istmo de Carélia à Linha Mannerheim, uma linha fortificada que ia do Golfo da Finlândia até a outra extremidade do país, a sudoeste.

9 DE DEZEMBRO

Os ataques contra Helsinque cessam enquanto o inverno finlandês piora. O clima ajuda os soldados finlandeses, já aclimatados, que com sua excelente superioridade tática, possuem maior capacidade em manobras sob condições abaixo de zero. Os russos das 163ª e 33ª divisões, entretanto, entram e tomam a cidade de Soumussalmi no nordeste da Finlândia, a região onde as forças finlandesas estão mais espalhadas.

15 DE DEZEMBRO

A ofensiva russa no sul e no sudoeste efetivamente enfrenta uma parada dura, contida pelo clima ártico e pelo talento em defesa finlandês. Os ataques anfíbios do lado do golfo da Finlândia são repelidos, protegendo Helsinque, e a Linha Mannerheim continua forte. Soumussalmi é retomada. No extremo

(1) Depois de 1948, Terijoki passa a se chamar Zelenogorsk.

norte, o 14º Exército domina a cidade de Petsamo, mas é incapaz de fazer o mesmo com Nautsi.

17 A 31 DE DEZEMBRO

Seguindo a retomada de Soumussalmi, as tropas finlandesas atravessam a fronteira, chegando à soviética Carélia. Elas — mais o cruel clima finlandês — infligem uma grande derrota nas unidades soviéticas, matando cerca de 27 mil soldados e dizimando as 163ª e 44ª divisões russas.

1940

2 DE JANEIRO

Uma ofensiva russa no istmo de Carélia resulta em fracasso.

7 DE JANEIRO

As unidades soviéticas adotam táticas defensivas, uma vez que as várias ofensivas são esmagadas pelos finlandeses, embora o bombardeio pelo ar continue (quando o tempo permite). Stalin faz uma mudança no comando. De agora em diante as forças russas serão lideradas pelo General Semyon Timoshenko. Ele começa as preparações para uma ofensiva decisiva.

28 DE JANEIRO

Enquanto os finlandeses da Linha Mannerheim se preparam para receber uma nova ofensiva de Timoshenko, outras unidades finlandesas ganham o terreno da 54ª divisão soviética, em Kuhmo.

1º DE FEVEREIRO

Os Exércitos soviéticos 7º e 13º começam sua ofensiva contra a Linha Mannerheim, primeiro com a artilharia disparando 300 mil petardos de canhão contra a linha de defesa.

11 A 17 DE FEVEREIRO

O 7º Exército soviético finalmente quebra a Linha Mannerheim em Summa, depois de melhorar suas táticas e treinamentos. O exército finlandês, reduzido a somente 15 unidades, recua em massa para noroeste.

23 DE FEVEREIRO

Os soviéticos entregam a proposta de rendição aos finlandeses, fazendo severas exigências quanto aos territórios, reclamando toda a região

→ Mulheres finlandesas trabalham costurando trajes para neve para os soldados da patrulha sobre esquis. A falta de tecido fez com que muitos cidadãos reciclassem o algodão de suas camas para essa finalidade.

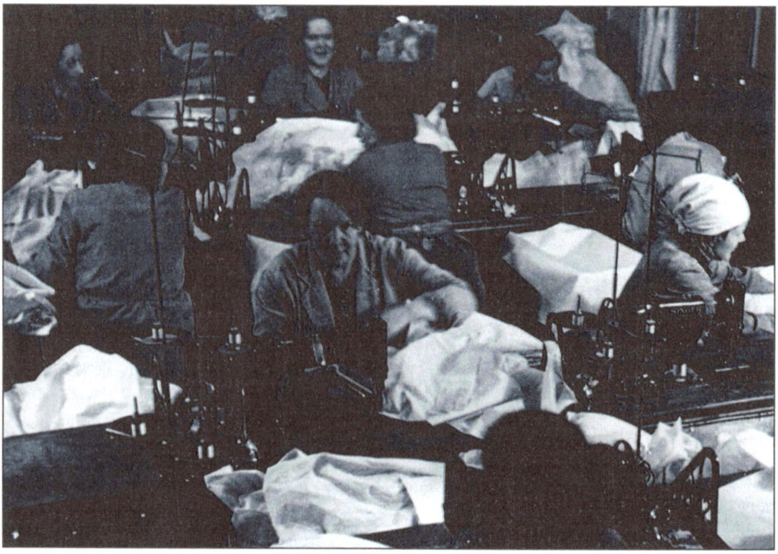

↑ Os derrotados finlandeses defensores de Kuhmo voltam para casa depois da assinatura do acordo de paz finlandês-soviético, em 13 de março de 1940. Eles infligiram pesadas baixas na 54ª divisão russa.

do istmo de Carélia / Lago Lagoda e também exigindo que os finlandeses protejam os russos de todas as ameaças externas na fronteira ao norte.

5 DE MARÇO

A Finlândia entra em negociação com a União Soviética sobre os termos da paz. Em 12 de março, o acordo soviético é aceito no regime finlandês por 145 votos contra três.

EVENTOS INTERNACIONAIS

1939

5 DE DEZEMBRO

Nos EUA, o Presidente Roosevelt destina uma verba para defesa no total de US$ 1,3 bilhão.

8 DE DEZEMBRO

Quando o Reino Unido tenta impor um bloqueio naval contra a Alemanha, o governo americano protesta contra o que ele vê como uma restrição ao livre comércio internacional.

14 DE DEZEMBRO

A União Soviética é expulsa da Liga das Nações em consequência da invasão da Finlândia.

24 DE DEZEMBRO

Papa Pio XII faz um prudente apelo pela paz, empenhando-se em permanecer apolítico.

1940

8 DE JANEIRO

O racionamento de alimentos é introduzido no Reino Unido.

14 DE FEVEREIRO

O governo inglês anuncia que irá armar todos os navios mercantes.

15 DE FEVEREIRO

Hitler envia uma diretriz aos comandantes dos submarinos, dando a eles licença para atacar qualquer navio mercante destinado às águas controladas pelos ingleses, mesmo que navegue com uma bandeira neutra.

28 DE FEVEREIRO

Três rotores de uma máquina alemã de codificação de enigmas são recuperados por mergu-lhadores Aliados de um submarino que foi afundado na Escócia. O feito é um passo vital para a quebra do código.

AVANÇO POR SEDAN

10 de Maio de 1940: A ofensiva alemã a oeste, há muito tempo aguardada, tem início.

↑ As formações blindadas que tiveram brilhante sucesso em 1940 representavam uma pequena porção do exército alemão. A maior parte das divisões de infantaria era equipada muito semelhante a 1918, mas eles enfrentaram uma oposição bem diferente. Os exércitos inglês e francês não eram as forças competentes e vitoriosas de 20 anos antes, pois haviam se deteriorado até a um baixo nível profissional.

Pouco depois das 2h30 da madrugada do dia 10 de maio de 1940, 64 homens do exército alemão atravessaram a fronteira holandesa; este foi o princípio da invasão. Três horas mais tarde, tropas em planadores chegaram à fronteira da Bélgica para capturar e demolir as grandes fortificações existentes em Eben-Emael. Cinco minutos depois, as 30 divisões do Exército Grupo "B", sob o comando do General Fedor von Bock se espalharam pelas fronteiras de Maastricht pelo estuário do Rio Ems, enquanto que para o sul, o Exército Grupo "A", do General Gerd von Rendstedt, de 44 divisões, incluindo sete divisões de Panzers (tanques de guerra) comandadas pelo General Ewald von Kleist, seguiam por entre as Ardennes — o campo florestal que os comandantes militares franceses consideravam intransitável para tanques, desde 1919.

Com uma diligência quase suicida, capaz de provocar lágrimas de alegria nos olhos de Hitler, os Exércitos Aliados no norte — cinco divisões da Força Expedicionária Inglesa, oito divisões do 1° Exército da França do lado direito e sete divisões do 7° Exército da França dispos-

← Alguns exemplares destes tanques monstruosos causaram momentânea apreensão entre os alemães, uma vez que eram impenetráveis às armas tipo antitanque convencionais de 37 mm. Infelizmente, a indescritível logística francesa em planejamento fez com que vários deles fossem capturados à medida que iam ficando sem combustível.

tas na costa nas imediações de Dunkirk — deixaram suas posições defensivas que haviam duramente mantido durante o frio do inverno e tão arduamente as prepararam, para irem se juntar ao exército belga, de acordo com o Plano Dyle, que previa a manutenção de uma linha defensiva ao longo dos rios Dyle e Meuse. Havia, obviamente, algumas dificuldades para serem superadas pelo caminho, pois a Luftwaffe estava ocupada sobrevoando o tempo todo e foi esta a ocasião para o batismo das tropas Aliadas pelo bombardeio aéreo — levou um tempo para eles se acostumarem com os tremores nervosos que isso provocava. Além disso, as estradas logo ficaram cheias de refugiados, que procuravam se manter distantes da infantaria de von Bock que avançava. Apesar de tudo, no anoitecer do dia 14 de maio, a força Aliada estava formada. De Scheldt até o norte de Antuérpia, ficaram três divisões do 7º Exército da França; os 80 km a sudoeste até Louvan foram guarnecidos por 13 divisões do exército belga; entre Louvan e Wavre, o front foi guardado pelo BEF (British Expeditionary Force) e de Wavre até Namur por seis divisões do 1º Exército francês. Alguns comandos do batalhão e da brigada estavam enfraquecidos pela natureza fragmentada de defesa que agora ocupavam - especialmente se comparados com aqueles que eles haviam acabado de abandonar - enquanto que os comandos médio e alto estavam alarmados pelas notícias dos eventos que ocorriam mais ainda para o sul. Mas nenhum deles percebeu que o avanço lento de von Bock era de fato uma manobra astuta para guiar a massa dos Exércitos Aliados para uma armadilha que deixaria o grupo de Panzers livre para a investida mortal.

JOGO ALEMÃO: ATRAVÉS DE ARDENNES

O plano alemão era um jogo audacioso que havia capturado a imaginação de Hitler, mas alarmou vários de seus principais comandantes. O sucesso dependeu dos blindados alemães passarem pela floresta de Ardennes antes que os franceses juntassem uma força de bloqueio. No evento, as pontas de lança alemãs atingiram o Meuse em dois dias. Como o Segundo Império de antes, a Terceira República pereceu ao som de canhões em Sedan.

↑ Armado com um canhão de 37 mm que podia penetrar somente a blindagem dos tanques alemães mais leves, o H-39 estava irremediavelmente superado em 1940. O exército alemão capturou centenas deles e voltaram a colocá-los em serviço de guerra em operações anti-partisans, na União Soviética e nos Bálcãs.

CORRIDA PARA O MEUSE

Isto não era meramente um plano; logo se tornou a realidade. Atravessando o "intransitável" Ardennes como se estivesse num exercício em tempo de paz e varrendo a pequena unidade da cavalaria francesa que foi enviada para atrasá-las, as três divisões XIX Panzer Corps do General Heinz Guderian atravessaram a fronteira francesa e chegaram ao Meuse pelos lados de Sedan na tarde de 12 de maio. Ao anoitecer, os blindados alemães controlavam o lado direito do rio até Dinant. Atravessaram o rio em 24 horas (o alto comando francês, ainda surpreso com a chegada alemã ao Meuse, estimava que os alemães levariam pelo menos quatro dias para organizar e outros dois para proceder a travessia). Pela manhã, Guderian possuía duas cabeças-de-ponte consolidadas, enquanto que em Dinant, a 7ª divisão Panzer da XV Panzer Corps do General Hermann Hoth (comandada pelo Major General Erwin Rommel) havia formado outra cabeça-de-ponte, em face da desesperada, mas esporádica resistência francesa.

BARULHENTOS STUKAS

Em 15 de maio, a invasão seguia para a França. De cada cabeça-de-ponte os Panzers partiam rugindo, precedidos a cada avanço por uma nuvem de barulhentos Stukas, cobertos contra ataques de caças ingleses ou franceses por Messerschmitts. Os refugiados encheram as estradas, assustados pelos caças da Luftwaffe, perturbados por soldados e gendarmes de seu próprio lado, apavorados e desmora-lizados, ou forçados para as margens por estranhos e agourentos veículos estrangeiros dirigidos por jovens gigantes loiros que circulavam triunfantemente entre eles, raramente os prejudicando deliberadamente, mas deixando uma impressão de invencibilidade. Naquela noite, os Panzers alemães foram avistados a apenas 19 km de Laon, e quando Edouard Daladier, então Ministro da Defesa Nacional da França, ordenou um contra-ataque, o comandante-em-chefe, General Maurice Gamelin, respondeu que ele não tinha reservas para tanto porque o volume das forças francesas havia sido mandado para proteger os flancos da Linha Maginot. Ao mesmo tempo, Gamelin anunciou que não podia mais arcar com a responsabilidade de defender Paris, e passou ordens para a retirada de todas as tropas da Bélgica. Uma cópia dessas ordens, por mero golpe de sorte, chegou ao comandante-em-chefe inglês, Marechal de campo Lord Gort, capacitando-o a assegurar que as divisões da BEF estabelecidas em Dyle não fossem deixadas ali à própria sorte.

← O ritmo de tirar o fôlego do avanço alemão rapidamente desmoralizou o exército francês. Enquanto o alto comando francês manobrava alfinetes em mapas, os aturdidos soldados começavam a se render. Houve vários atos de bravura, porém nenhuma estratégia de operação.

AVANÇO POR SEDAN
CRONOLOGIA

Em 10 de maio de 1940, as forças alemãs invadem os Países Baixos. Em apenas quatro dias conseguem quebrar as linhas de defesa franco-belgas em Sedan e penetram o interior da França.

1940

10 DE MAIO

As forças alemãs invadem a Bélgica e a Holanda. A invasão utiliza tropas em planadores para capturar pontes e outros pontos estratégicos adiantadamente às colunas blindadas alemãs que penetram pelas fronteiras. O poderoso forte belga em Eben Emael, com uma guarnição de 2 mil homens cai diante de apenas 89 paraquedistas. Roterdam e Haia também são atacadas por unidades avançadas de paraquedistas.

11 DE MAIO

As forças Aliadas, incluindo a British Expeditionary Force e três exércitos franceses, promovem esquemas defensivos na Bélgica, numa tentativa desesperada de parar o avanço alemão. Eles formam uma linha defensiva, movimentando sua posição ao sul de Roterdam até Antuérpia, cortando pelo leste de Bruxelas, e então seguindo o Rio Meuse, para terminar nas imediações de Sedan no extremo oeste da floresta de Ardennes. A maior concentração de tropas se dá em Louvain, perto de Bruxelas, mas os alemães enviam o 12º Exército através da supostamente intransitável Ardennes para atacar as defesas do sul perto de Sedan.

↑ A ansiedade está estampada nos rostos destes franceses refugiados. A movimentação de civis em grande escala provocava sérios problemas para os Exércitos Aliados, que tentavam conter o avanço alemão.

→ Parada vitoriosa das tropas alemãs por Paris depois da queda da França. A França se tornou o destino estrangeiro mais popular para guarnecer as tropas alemãs, com seu abundante suprimento de excelente vinho e alimento e o bom clima no sul.

14 DE MAIO

Os XV, XLI e XIX Panzer Corps estabelecem três cabeças-de-ponte no Rio Meuse em Dinant, Montherme e Sedan, sem sofrerem ne-nhuma oposição substancial. Os Aliados estão sendo flanqueados em suas defesas no sul. Mais tarde, naquele dia, o XV Panzer Corps em Dinant e o XIX Panzer Corps em Sedan quebram a tênue defesa Aliada e pene-tram na França.

15 DE MAIO

O XLI Panzer Corps em Montherme se junta ao Panzer Corps vizinho, para penetrar mais ainda em território francês. O avanço por Sedan também possibilita aos alemães ultrapassarem a Linha Maginot francesa pelo sul. Os franceses confiavam nas forças belgas para proteger suas fronteiras ao norte.

15 DE MAIO

As forças holandesas se rendem aos alemães, depois de intensivo bombardeio em Rotterdam.

17 E 18 DE MAIO

Bruxelas e Antuérpia caem diante das forças alemãs. Os Aliados estão em pleno recuo em direção à costa da França e da Bélgica.

21 DE MAIO

As forças inglesas e francesas tentam cortar o avanço alemão por meio de um ataque em Arras. O ataque começa muito tarde na batalha e termina flanqueado por divisões alemãs de Panzers, que atacam pelo norte.

→ Prisioneiros de guerra franceses se preparam para jantar batatas. Um grande número de prisioneiros franceses e cidadãos livres foram enviados para a Alemanha, onde trabalharam na indústria e na construção. Muitos desses empregos foram assumidos voluntariamente por franceses para escapar da austeridade de ter de viver em um país ocupado.

28 DE MAIO
O Rei Leopold da Bélgica instrui suas forças armadas a se renderem. O resto de seu governo se muda para Paris. Agora, as forças alemãs avançam pela costa belga.

EVENTOS INTERNACIONAIS

1940

8 DE MAIO
O primeiro-ministro britânico Neville Chamberlain se demite depois de um violento debate na Câmara dos Comuns e um voto de não-confiança passado pela Câmara.

10 DE MAIO
Winston Churchill se torna o novo primeiro-ministro britânico. Ele incorpora os líderes da oposição em seu gabinete de guerra e forma um governo de coalizão para colocar o conflito acima dos partidos políticos.

14 DE MAIO
Roterdam é bombardeada pela Luftwaffe, um ataque que mata perto de mil pessoas e deixa 78 mil desabrigados.

16 DE MAIO
Novo ataque aéreo inglês contra alvos militares alemães em Ruhr e na Bélgica, a maior operação Bomber Command até a data.

FUGA DE DUNKIRK

Crepúsculo, 26 de Maio de 1940: os alemães tomaram Calais e o 1º exército francês, as forças belgas e o BEF estão cercados, de costas para o mar.

Quando os alemães atravessaram a linha Aliada na França, durante maio, 1940, ainda havia forças francesas consideráveis ao sul, e forças ainda maiores — incluindo a British Expeditionary Force — ao norte. Entre elas, não poderiam primeiro manobrar para se juntar e daí conter o avanço alemão, para depois contra-atacar tanto no norte quanto no sul e cortar as pontas de lança inimigas de suas principais fontes de suprimento e apoio?

← Um leve tanque Renault R-35 abandonado aparece entre outros veículos queimados. Quando o 18º Exército alemão abriu caminho para Dunkirk, a Luftwaffe promoveu ataques aéreos constantes, visando até mesmo as menores defesas.

CONFUSÃO ESTABELECIDA

Nas profundezas de seu desânimo, os líderes franceses foram relutantes a admitir a praticidade de tal esquema, alegando falta de efetivo pelo ar, a não ser que

DUNKIRK: FUGINDO DA EUROPA

↑ A BEF de 1939-40 estava muito aquém do magnífico exército de 1914. Totalmente despreparada para guerrear na Europa foi ignominiosamente derrotada pelo mesmo adversário que havia batido em 1918. Por sorte, Lord Gort, seu comandante em chefe, ignorou todas as ordens vindas de Londres e voltou a Dunkirk. Ele salvou a BEF para formar o núcleo e um novo exército inglês.

Churchill abandonasse a ideia de reter os esquadrões de combate da RAF para a defesa da Inglaterra e, ao invés disso, os enviasse para a França. Mesmo assim, parecia mais provável que as forças alemãs estariam na costa do Canal ou em Paris — ou em ambos — numa questão de dias, e em cada caso os exércitos inglês e francês ao norte, mais provavelmente logo estariam em dispersão e desintegração e, a menos que um armistício amplo os salvasse, ocorreria sua destruição física, possivelmente. Churchill estava em casa na manhã de 17 de maio, mas antes que saísse, tratou de incutir algo de sua obstinada coragem na liderança francesa, tanto que afinal ela concordou em dirigir um contra-ataque contra as pontas de lança alemãs, conforme ele sugeriu. Porém, no ritmo do planejamento militar Aliado, levou quatro dias antes que fosse efetivado, e mesmo assim foi mal feito.

No entardecer de 20 de maio, os tanques do General Heinz Guderian chegaram a Abbeville, na boca do Rio Somme, e neste ponto a linha de defesa estava tão atenuada quanto nunca. Em 21 de maio, quatro brigadas da infantaria inglesa e a 1ª Brigada de Tanques do Exército foram enviadas na direção do sul de Arras, em teoria apoiados por duas divisões da infantaria francesa em um flanco e uma divisão mecanizada pequena em outro, enquanto forças francesas de igual poder foram juntadas ao ataque vindas do sul para encontrá-las.

EVACUAÇÃO PLANEJADA

No evento, somente as forças inglesas e a divisão mecanizada francesa compareceram, e elas logo se viram bloqueadas pela 7ª divisão Panzer do Major General Erwin Rommel, que depois de uma ativa batalha os fez recuar para suas posições originais e ameaçou cercá-las. No entardecer de 23 de maio, o Marechal de campo Lord Gort estava retirando as brigadas inglesas mais para o norte, e dois dias depois ficou evidente para ele que somente um recuo para a costa e a evacuação para a Inglaterra poderiam salvar um quarto de seu comando.

BATALHA NA PRAIA

Sob sua própria responsabilidade, ele passou as ordens necessárias; o British III Corps se retirou para cada lado de Dunkirk, o I Corps recuou para proteger o flanco a oeste, com uma divisão francesa a sua direita, mais o Bri-tish II Corps na esquerda, enquanto o exército belga protegia o lado leste do perímetro. Entretanto, no dia 28 de maio, Rei Leopold dos belgas assinou um armistício com os alemães, o exército belga deixou de existir e um grande vácuo surgiu à esquerda das posições inglesas — preenchido durante aquela noite por uma manobra de ex-

traordinária dificuldade, rea-lizada com admirável eficiência pela 3ª divisão da infantaria, sob o comando do Major General B. L. Montgomery. Não é demais acrescentar que esta operação salvou a British Expeditionary Force. Agora, a Operação Dínamo começou — a tentativa de evacuar o exército inglês e tantos soldados franceses quanto fosse possível da armadilha à qual eles haviam sido induzidos. Mais de mil barcos tomaram parte na evacuação, com o tamanho variando de um cruzador antiporta-aviões da Royal Navy e iates que estivessem navegando pelo Canal, até a adesão de donos de cem pequenos barcos ao longo do sul da costa e ao longo de trechos do Tâmisa. Pelo menos 50 dessas embarcações foram afundadas; muitos donos de iates foram mortos ou feridos; porém, um surpreendente grande número de soldados foi salvo para voltar a lutar e formar as bases de novos exércitos. A esperança mais otimista antes da evacuação era de que talvez 50 mil homens pudessem escapar de uma captura ou pior destino; na realidade, 338.226 chegaram às praias da Inglaterra durante aqueles nove dias miraculosos, dos quais, pela insistência de Churchill, mais de 100 mil eram franceses. Ele havia retornado a Paris em 31 de maio, e lá feito o acordo de que as tropas inglesas iriam dividir a defesa da retaguarda com forças francesas, e que as tropas francesas na cabeça-de-ponte evacuariam na mesma proporção que as inglesas. Como aconteceu, os franceses estavam lutando furiosamente ao sul da cabeça-de-ponte (desta forma contendo as poderosas forças alemãs que de outra maneira estariam livres para atacar Dunkirk), e aqueles nunca chegaram ao mar. Muitos dos que chegaram ao fim da operação recusaram a chance de escapar e os últimos barcos partiram quase vazios. Assim como um grande número de soldados franceses retirados de lá decidiu que não queria viver na Inglaterra e escolheu voltar para a França (onde a maioria deles acabou em campos de concentração alemães), o gesto de boa-vontade de Churchill foi para muitos um desperdício. Porém, para o povo inglês, a fuga da maior parte da BEF de Dunkirk foi nada menos que um milagre.

↑ A praia de Dunkirk lotada, de onde 224.717 soldados ingleses foram levados pela Royal Navy por centenas de voluntários civis. Mais de 100 mil soldados franceses também foram evacuados, mas escolheram voltar para casa depois da rendição.

↑ O Vickers Mk VI, um tanque leve, era armado com duas metralhadoras e era designado para reconhecimento. Ficou em serviço até 1942.

FUGA DE DUNKIRK
CRONOLOGIA

A evacuação das forças inglesas de Dunkirk foi uma fuga militar excepcional, um ato que salvou a Inglaterra da futura derrota e ocupação pelas forças alemãs. Mais de 338 mil Aliados foram resgatados, incluindo 113 mil soldados franceses.

↑ Refugiados franceses recebem alimentos em Le Havre. Um fato triste da situação dos refugiados franceses é que 350 mil deles eram judeus que haviam saído da Alemanha no final dos anos 1930.

1940

20 DE MAIO
Churchill pede ao Almirantado para preparar uma frota de embarcações adequadas para a evacuação da British Expeditionary Force (BEF) da costa francesa. Em Paris, o General Maxime Weygand assume o posto do General Maurice-Gustave Gamelin como supremo comandante das forças Aliadas na França.

24 DE MAIO
Hitler ordena que as forças Panzer não ultrapassem a linha de Lens-Béthune-St Omer-Gravelines. As razões para o impedimento não são claras, mas de qualquer forma isto dá um tempo precioso para que as tropas inglesas e francesas retiradas de Dunkirk alcancem a costa.

24 DE MAIO
A Luftwaffe inicia um intenso bombardeio contra as posições Aliadas nas imediações de Dunkirk. Mantém o bombardeio até o final da evacuação de Dunkirk em 4 de junho, mas perde mais de 200 aviões para a RAF surtida do sul da Inglaterra.

25 DE MAIO
As forças alemãs tomam Boulogne e os Aliados se concentram em Dunkirk.

26 DE MAIO
Hitler reverte sua ordem de parar, mas a demora fez com que as forças alemãs não pudessem chegar a Dunkirk antes da retirada Aliada. Às 18h57, a Operação Dínamo, a evacuação das forças inglesas de Dunkirk, começa oficialmente. Mais de 850 barcos ingleses civis participam, levando os

soldados da beira da praia até os navios da Mari-nha que ficavam à espera no mar, ou carregando os soldados eles mesmos até o Reino Unido.

28 DE MAIO

O exército belga que protegia o flanco direito dos Aliados se rende diante da investida do 18º e 6º Exércitos da Alemanha. A Bélgica foi derrotada em apenas 18 dias, embora sua ação tenha dado aos Aliados a oportunidade de escapar. No final do dia 28, 25.473 soldados ingleses tinham sido evacuados

29 DE MAIO

Mais de 47 mil soldados ingleses evacuam de Dunkirk, somente no dia 29.

30 DE MAIO

120 mil soldados Aliados evacuam das praias de Dunkirk. O número inclui 6 mil soldados franceses.

31 DE MAIO

150 mil soldados Aliados – incluindo 15 mil franceses – são transportados para o Reino Unido.

1º DE JUNHO

A defesa do perímetro de Dunkirk passa para o XVI Corps francês.

4 DE JUNHO

A Operação Dínamo é encerrada oficialmente. No total, 338.226 soldados Aliados foram resgatados e salvos de aprisionamento ou morte nas mãos das forças alemãs. No total, estão inclusos 113 mil franceses. Cerca de 40 mil soldados franceses, entretanto, tornaram-se prisioneiros de guerra quando as tropas alemãs tomaram Dunkirk.

5 DE JUNHO

A Operação Vermelha alemã tem início — o objetivo final é quebrar a resistência francesa ao longo dos rios Somme, Seine, Aisne e Moselle e seguir até Paris. Em 12 de junho, o exército alemão Grupo B, comandado pelo General Gerd von Rundstedt quebra as de-fesas francesas.

10 A 25 DE JUNHO

Os Aliados conduzem mais operações de eva-cuação ao longo da costa francesa. Antes de 15 de junho, as evacuações são concentradas nos portos do norte, tais como Le Havre e St. Valery, mas no lançamento da Operação Ariel no dia 15, portos do sul em Biscay também são usados. Perto de 250 mil soldados Aliados são resgatados durante essas operações.

↑ A fila composta de veículos Aliados destruídos nas praias de Dunkirk. O exército inglês foi obrigado a abandonar 84.500 veículos na França, assim como 2.500 canhões, 77 mil toneladas de munição e 165 mil toneladas de combustível para veículos.

→ Uma unidade alemã antiaérea na Europa Oriental. A oposição aérea Aliada sobre a França foi restrita depois da decisão do comandante Marechal Dowding em reter muitas unidades aéreas no Reino Unido, para a defesa futura do próprio solo britânico.

14 DE JUNHO
As forças alemãs entram em Paris, depois de a capital ter sido declarada uma cidade sem fortificações. As defesas francesas através do país entram em colapso com a ofensiva alemã final.

22 DE JUNHO
O general francês Charles Huntziger assina um armistício de acordo com os alemães. A humilhação é maior para os franceses por ter de assinar o armistício na mesma ferrovia de transporte usada para a assinatura da capitulação alemã no final da I Guerra Mundial.

EVENTOS INTERNACIONAIS 1940

22 DE MAIO
Decifradores ingleses de códigos, trabalhando em Bletchley Park, Inglaterra, quebram o código 'Vermelho' da Luftwaffe da máquina de codificar Enigma. Eles conseguiram isso usando um instrumento de computar mecânico, conhecido como 'Bombe'.

26 DE MAIO
O governo inglês começa a requisitar sobras e restos de metal para serem usados na produção da indústria bélica.

10 DE JUNHO
A Itália declara guerra à Inglaterra e França. Mussolini declara que 'Tomamos partido contra as democracias plutocráticas e reacionárias que têm bloqueado a marcha e frequentemente tramado contra a existência do povo italiano.'

11 DE JUNHO
A ilha de Malta experimenta seu primeiro ataque aéreo alemão, iniciando uma das campanhas de bombardeio mais fortes da guerra.

12 DE JUNHO
A Royal Air Force bombardeia Milão e Gênova, em resposta à declaração de guerra da Itália contra Inglaterra e França.

14 DE JUNHO
Na Polônia, o infame campo de concentração de Auschwitz recebe seus primeiros internos, 728 prisioneiros de Tarnow.

20 DE JUNHO
No Extremo Oriente, o Japão adverte os governantes coloniais franceses da Indochina contra o apoio dado a ações anti-Japão realizadas pelo governo da China Nacionalista em Chungking.

CÉUS DE GLÓRIA
A BATALHA DA INGLATERRA

22 de julho de 1940: o exército alemão prepara a invasão da Inglaterra. Primeiro, a Luftwaffe devia conquistar a supremacia aérea, em seguida, o exército tomaria a terra e a guerra estaria acabada.

Seguindo a invasão da Noruega e a queda da França e dos Países Baixos em maio e junho de 1940, e enquanto a RAF perma-necia tratando suas feridas, a Luftwaffe se mudou para bases ao longo da costa, de frente para o Reino Unido. Para o grande ataque aéreo, com intenção de eliminar o RAF Fighter Command, em preparação para a Operação Leão do Mar, uma invasão das ilhas por terra, a Luftwaffe dispôs suas forças em três esquadrões. Luftflotte III ficou baseada no nordeste da França, a Luftflotte II no noroeste da França e nos Países Baixos, e a Luftflotte V na Noruega e Dinamarca. No começo de julho, as forças aéreas alemãs diante do Reino Unido possuíam cerca de 2.800 aeronaves, compreendendo 1.300 bombardeiros Heinkel He 111, Junkers Ju 88 e Dornier Do, 17.280 lança-bombas Junkers Ju 87, 790 caças Messerschmitt Bf 109 de um assento, 260 caças pesados Messerschmitt Bf 110 e Junkers Ju 88C e 170 aviões de reconhecimento de vários tipos. Desse total, metade estava pronta para o combate. Na liderança do Comando de Combate, o Marechal-do-ar Sir Hugh Dowding dividiu suas defesas aéreas em três grupos: Nº 11 no sul, comandado pelo Vice-Marechal-do-ar Keith Park, Nº 12 no centro, comandado pelo Vice-Marechal-do-ar Trafford Leigh-Mallory e Nº 13 no norte, comandado pelo Vice-Marechal-do-ar Richard Saul.

↓ A Batalha da Inglaterra teve início no princípio de Agosto de 1940, com uma série de ataques aéreos alemães contra os navios costeiros e os portos do Canal da Inglaterra. Em 11 de agosto, a Luftwaffe começou a entrar no espaço terrestre, concentrando-se nos campos de pouso da linha de frente e estações de radar vitais. O andamento do ataque foi crescendo até que em meados de Agosto a Luftwaffe havia aumentado para 1.800 surtos por dia. A segurança do Reino Unido dependia de um minguado número de insubstituíveis jovens pilotos.

A BATALHA TEM INÍCIO: ATAQUES AO SUL DA INGLATERRA

← A RAF teve uma considerável vantagem em lutar em seu próprio território. Os pilotos ingleses abatidos podiam rapidamente retornar à ação enquanto que as tripulações alemãs eram capturadas e os aviões alemães que caíam podiam ser estudados pelo valor de suas informações. Entretanto, o ataque impiedoso contra os campos de pouso da RAF no front estava começando a ter êxito no final de Agosto. Enquanto isso, quadros do exército alemão praticavam treinos de embarque com variados graus de entusiasmo.

↑ Armado com dois ou três canhões de 20 mm e um par de metralhadoras de 7.92 mm, o Messerschmitt Bf 109 era rápido, ágil e serviria até o final da guerra. Os Bf 109s alcançaram seus maiores feitos no começo de setembro de 1940, arremetendo debaixo dos radares ingleses para abater caças da RAF quando eles decolavam.

Um quarto grupo, Nº 10, comandado pelo Vice-Marechal-do-ar Quintin Brand, formou-se logo depois para cobrir o sudoeste. Dowding dispunha de um total de 640 caças no começo de julho de 1940, incluindo 347 Hawker Hurricanes, 199 Supermarine Spitfires, 69 caças noturnos Bristol Blenheim e 25 Boulton Paul Defiants. Pouco mais da metade dessa força foi deslocada para o sul, para os campos de Biggin Hill, Kenley, Croydon, Hornchurch, Manston e Tangmere, formando um círculo de defesa em volta de Londres e do estuário do Tâmisa. Para os sinais de alarme, as costas do sul e do leste foram cobertas com uma rede de radares que podia detectar ataques se aproximando numa distância de cerca de 160 km. Os ataques alemães de julho, que visavam principalmente os alvos costeiros do sul, provocavam uma tensão a mais entre os pilotos ingleses que eram obrigados a voar em patrulha sobre os navios ancorados, até que as táticas alemãs fossem reconhecidas, pois as ordens dadas diziam que não deviam entrar em combate contra o inimigo desnecessariamente. As perdas inglesas nos combates de julho chegaram a 77 caças, cujos pilotos, cerca de metade, sobreviveram. O início do grande ataque em 8 de agosto foi contido com competência pelos esquadrões de Park, cujos pilotos rapidamente perceberam as fraquezas dos Junkers Ju 87 e Messerschmitt Bf 110, e traçaram táticas efetivas para lidar com eles. A aparição de grandes formações de Messerschmitts BF 109, que eram muito superiores em relação aos Hurricanes, fazia com que os controladores ingleses, quando possível, ordenassem seus Spitfires contra os caças inimigos, enquanto os Hurricanes combatiam os bombardeiros, mais lentos e de voo baixo. Agora, os ataques estavam penetrando mais no interior, e em 15 de agosto, o Luftflotte V tentou atacar alvos no norte da Inglaterra, mas sofreu tantas perdas que isso não foi mais repetido durante a Batalha. Uma reavaliação das táticas empregadas pela Luftwaffe levou a uma mudança durante a fase seguinte do ataque, que começou no final de agosto. Atendendo reclamações dos pilotos de que eram prejudicados quando cumpriam o papel de acompanhar bombardeiros, eles receberam permissão para realizar táticas de 'caça livre' sobre o sul da Inglaterra,

← O Supermarine Spitfire (à direita) Mk IIA foi pilotado pelo líder de esquadrão D.O. Finlay, quando o 41° Esquadrão estava locado em Hornchurch, em dezembro de 1940. O líder Marechal-do-ar Dowding resistiu às solicitações de enviar seus Spitfires para lutar na França, para reservar seus caças mais modernos para a batalha que iria acontecer.

↑ Este Hawker Hurricane Mk I (à esquerda) voou no 85° Esquadrão, que foi comandado pelo líder de Esquadrão Peter Townsend, que derrubou seis aviões inimigos durante a Batalha. Bastante manobrável, embora mais lento que seus oponentes, os Hurricanes abateram mais aviões inimigos do que todos os outros meios de defesa juntos.

frequentemente abatendo os caças da RAF durante a decolagem ou pouso, ou quando eles retornavam depois de combater, sem munição ou combustível. Essa foi inquestionavelmente a fase de maior sucesso do ponto de vista da Luftwaffe e teria colocado as defesas de joelhos, se os alemães tivessem persistido. Entretanto, exasperado pelas perdas contínuas, Göring ordenou que os ataques mudassem de alvo, da RAF para a população civil inglesa e um grande ataque no leste de Londres ocorreu no final da tarde de 7 de setembro.

MOMENTO DECISIVO

Isto marcou o momento decisivo da batalha toda e a diminuição da pressão sobre os caças ingleses permitiu que tivessem uma pausa, muito necessária. No curso dos sequentes ataques diurnos ao leste de Londres, particularmente em 15 de setembro, e no sul da Inglaterra no final daquele mês, os alemães tomaram duros golpes; os pilotos de caça ingleses não precisavam mais batalhar sobre seus campos de pouso e podiam se concentrar em grandes esquadrões e seguir ponderadamente para alguma cidade desafortunada que fosse atacada.

Foi nesse período que diferentes táticas desenvolvidas por Park e Leigh-Mallory ganharam foco, o primeiro defendendo o uso de pequenos esquadrões (por causa do pouco tempo disponível no sul para juntar forças maiores) e o último favorecendo o emprego de esquadrões completos para guerrear. Os dois homens provavelmente justificavam suas táticas segundo seus próprios ambientes de combate; com o devido aviso, o próprio Park tentou empregar dois ou três esquadrões simultaneamente. Houve ocasiões, entretanto, que a tática de Leigh-Mallory falhou em operar eficientemente, como resultado do tempo que levou para juntar os aviões. A Batalha da Inglaterra diurna custou à Luftwaffe um total de 2.020 aviões destruídos e mais de 5.200 tripulantes mortos ou desaparecidos.

Apesar de tudo, enquanto que os ingleses puderam considerar o resultado final da Batalha da Inglaterra como uma vitória retumbante, não foi de forma alguma o final dos ataques aéreos, que continuaram (com resultados muito diferentes) protegidos pela escuridão. O custo da Batalha da Inglaterra diurna foi pesado. Danos consideráveis foram sofridos em diversos campos de pouso-chave, tanto que alguns foram abandonados temporariamente para efeito operacional. O custo de vidas da tripulação foi pesado, mais de 500 homens foram considerados mortos ou desaparecidos, embora no último dia da Batalha (31 de outubro), o Comando de Batalha possuía oito vezes mais esquadrões na linha-de-frente do que no primeiro dia, e pilotos substitutos estavam chegando das escolas de treinamento duas vezes mais rápido do que em julho para continuar uma tradição que será sempre lembrada por uma grata nação: a sobrevivência havia sido alcançada pela proeza de apenas 3.030 aviadores.

CÉUS DE GLÓRIA
CRONOLOGIA

Em 1940, o Marechal Hermann Göring gabou-se a Hitler de que ele poderia conquistar o Reino Unido apenas com o poder aéreo militar. Ele não contava com a extraordinária resistência e talento da Royal Air Force.

1940

JUNHO – 12 DE AGOSTO

A Luftwaffe concentra a maioria de seus recursos sobre os navios Aliados no Canal da Inglaterra e no Mar do Norte, destruindo cerca de 30 mil toneladas de barcos mercantes.

12 DE AGOSTO

Caças e bombardeiros alemães fazem seu primeiro ataque contra um esquadrão de caça inglês em campo de pouso e contra as estações de radares. O objetivo de Hitler é destruir a Royal Air Force e então ganhar a supremacia no Reino Unido pelo ar, para uma futura invasão alemã, chamada Operação Leão do Mar. A Leão do Mar é anunciada na Führer Diretriz 17 (em 16 de julho) com a data da invasão marcada para 19 a 26 de setembro.

↓ Ingleses evacuados pegam um trem que vai tirá-los da cidade. Cerca de seis milhões de crianças inglesas foram evacuadas durante o curso da guerra, mais do que em qualquer outro país europeu.

13 DE AGOSTO

O 'Dia da Águia' — a data do início de uma operação de quatro dias da Luftwaffe com o objetivo de destruir a RAF e as instalações de radar — é transferida para a tarde por causa do mau tempo pela manhã. Quando finalmente é lançada, os ataques são inconclusivos. Foram bombardeadas Portland, Andover e Southampton, mas os alemães perdem 40 aviões no combate.

15 DE AGOSTO

A Luftwaffe perde 74 aviões durante a que ficou conhecida como 'Quinta-Feira Negra'. Unidades de bombardeiros da Luftflotte V voando sem escolta da Noruega e Dinamarca são dizimadas, tanto que os sobreviventes são efetivamente excluídos de qualquer contribuição significante para a Batalha.

17 DE AGOSTO

Voluntários do Bomber Command se apresentam para preencher as grandes perdas de pilotos de caça da RAF.

← Uma cena de total destruição em Londres depois de um bombardeio alemão. A bomba alemã mais pesada era a SC2000, de 1.953 kg.

19 A 24 DE AGOSTO

A atividade pelo ar fica reduzida durante o período por conta do mau tempo. Durante a calmaria, Göring decide mudar de tática, concentrando-se na luta e destruição da RAF pelo ar, visando com prioridade, como alvo, os campos de pouso. Göring desconhece que a força dos caças da RAF é quase o dobro do que ele acredita — 600 caças ao invés de 300.

24 A 31 DE AGOSTO

Os campos de pouso ingleses sofrem um dos piores períodos de bombardeio contínuo. Quase 200 caças da RAF são destruídos, embora a Luftwaffe perca cerca 330 aviões no mesmo período.

3 DE SETEMBRO

Operação Leão do Mar — o plano de invasão do Reino Unido pela Alemanha — é postergado por causa dos resultados desapontadores da Batalha da Inglaterra. A data é transferida para o dia 21 de setembro.

7 DE SETEMBRO

Os bombardeiros da Luftwaffe mudam seus alvos dos campos de pouso ingleses e se concentram em bombardear Londres. Foi a pior decisão estratégica da Luftwaffe, pois permitiu que a RAF recobrasse suas perdas e operasse mais efetivamente contra esquadrões inimigos. No dia 7 aconteceu o mais pesado bombardeio até então, envolvendo 348 bombardeiros e 617 caças.

15 DE SETEMBRO

Hoje conhecida como 'A Batalha do Dia Inglês', 15 de setembro marca o encontro da RAF com uma das maiores concentrações de aviões alemães vista na guerra. Duas formações de bombardeiros alemãs distintas são atacadas por mais de 300 caças da RAF.

↑ A ascensão do bombardeiro noturno alemão no final de 1940 levou o Reino Unido a desenvolver dedicados aviões de combate noturno, como estes Bristol Beaufighters.

Oitenta aviões alemães são perdidos e o mito de que a RAF está quase derrotada é desfeito. Desta data em diante, os esforços da Alemanha são redirecionados principalmente para bombardear cidades à noite, embora ocasionais ataques às bases da aviação continuem.

17 DE SETEMBRO

A Operação Leão do Mar fica postergada indefinidamente.

EVENTOS INTERNACIONAIS 1940

18 DE AGOSTO

Os EUA e Canadá estabelecem uma Junta de Conselho de Defesa.

2 DE SETEMBRO

O Reino Unido recebe 50 velhos destróieres dos EUA em pagamento pelo uso dos portos navais britânicos pelos EUA nas Antilhas.

9 DE SETEMBRO

Aviões do RAF Bomber Command atacam várias cidades-alvo através da Alemanha e Europa, incluindo Hamburgo, Bremen e Boulogne.

10 DE SETEMBRO

As forças italianas começam a juntar um exército de 200 mil soldados na Albânia antes da invasão da Grécia, em 28 de outubro de 1940.

12 DE SETEMBRO

O Secretário de Estado dos EUA é prevenido pelo Embaixador Joseph Grew que o embargo americano de petróleo ao Japão poderia levar o Japão a tomar medidas retalhatórias severas.

13 DE SETEMBRO

As forças italianas na Etiópia invadem o Quênia, colônia inglesa vizinha.

5 DE OUTUBRO

O Premier Konoye do Japão anuncia um estado de guerra entre Japão e EUA 'se os Estados Unidos se recusarem a entender as reais intenções de Japão, Alemanha e Itália em selar uma aliança de cooperação positiva para a criação de uma nova ordem universal e persistir em desafiar aqueles poderes'.

OPERAÇÃO JULGAMENTO
O ATAQUE EM TARANTO

Enquanto a marinha japonesa estava planejando seu ataque a Pearl Harbor, a Royal Navy preparava-se para lançar uma operação muito similar.

↑ O Vittorio Veneto não foi atingido durante o ataque a Taranto, porém seu "gêmeo" Littorio sofreu o impacto de três torpedos, deixando-o em reparos até abril de 1941. Com capacidade de 30 nós e armado com canhões de alta velocidade de 381 mm, estes magníficos encouraçados ameaçaram seriamente a posição inglesa no Mediterrâneo.

Na noite de 11 para 12 de novembro de 1940, 21 biplanos torpedeiros Fairey Swordfish, do Esquadrão Aéreo do Exército, fizeram um ataque contra a esquadra italiana no porto de Táranto, no primeiro grande ataque com sucesso a partir de um porta-aviões, que efetivamente reverteu a balan-ça do poder naval no Mediterrâneo a favor da Inglaterra. A entrada da Itália na guerra, em junho de 1940, e a subsequente eliminação da esquadra da França deram superioridade ao Eixo no mar do Mediterrâneo, uma situação que ameaçava seriamente os comboios de navios ingleses para o Reino Unido com suprimentos vitais vindos do leste de Suez. Além disso, na sequência do ataque da Itália contra a Grécia, em outubro daquele ano, o indiscutível domínio do Egeu e do Adriático pelo Eixo, impunha consideráveis dificuldades no apoio de qualquer base inglesa nos Bálcãs, que pudesse ser considerada. Fundamental para todas as operações da Royal Navy no centro do Mediterrâneo permanecia o uso

↑ Três cruzadores da classe 'Zara' estavam no centro do Mar Grande quando os Swordfish atacaram. Em complemento aos seus principais armamentos, cada um deles possuía 16 canhões duplos de 100 mm, por si uma poderosa bateria antiaérea.

↑ O Fairey Swordfish era armado com um único torpedo de 45,7 cm ou 8 foguetes de 27,2 kg. Era capaz de voar somente a 222 km/h (138 milhas/h) ao nível do mar e era extremamente vulnerável aos caças e à bateria antiaérea.

↓ O HMS Eagle, visto aqui depois de Taranto, foi incapaz de tomar parte no ataque conforme planejado. Ele havia sofrido consideráveis avarias de numerosos disparos durante ataques inimigos vindos da Calábria. Alguns de seus Swordfish e seus tripulantes foram transferidos para o Illustrious, para a execução do ataque.

contínuo de Malta, tanto como base naval ou como base aérea, e foi com um sutil senso histórico o que levou a esquadra italiana a entrar em batalha no dia 21 de outubro (o Trafalgar Day – batalha naval ocorrida no cabo de Trafalgar, Espanha, em 1805) contra uma esquadra inglesa composta de quatro encouraçados e cruzadores blindados, dois porta-aviões (HMS Eagle e Illustrious), dez cruzadores e quatro flotilhas de destróieres. Apesar de dois comboios navegarem pelo Mediterrâneo, a esquadra italiana (composta de cinco encouraçados, 14 cruzadores e 27 destróieres) se negou a deixar sua base em Taranto; além disso, por causa de bombardeio italiano, o porta--aviões Eagle sofria problemas mecânicos, precisando transferir seus aviões Swordfish para o Illustrious.

AMPLO RECONHECIMENTO

A ação acabou sendo adiada, e como passo preliminar, foi ordenado o reconhecimento de Taranto, em 10 de novembro. Um Martin Maryland da Nº 431 Flight, da RAF, pilotado pelo Oficial-piloto Adrian Warburton, foi despachado naquele dia e com uma épica e ampla volta pelo porto inimigo, cumprida apesar do intenso fogo antiaéreo, detalhes completos das disposições da esquadra italiana foram levados para o Al-mirante Lumley Lyster, o principal comandante a bordo do Illustrious. Ao anoitecer daquele mesmo dia, a tripulação de um hidroavião da RAF reportou que um sexto encouraçado ita-liano havia entrado em Taranto. Encorajado pelo sucesso do Maryland, Lyster decidiu lançar um ataque contra os navios italianos onde eles se encontravam, e no anoitecer de 11 de novembro, dois grupos de Swordfish decolaram do Illustrious numa posição 275 km a sudoeste de Taranto. A primeira formação, liderada pelo Tenente-comandante Kenneth Williamson, era composta de 12 aviões (seis com torpedos, quatro com bombas e dois com bombas e tochas de iluminação); a segunda formação, com nove aviões (cinco com torpedos, dois com bombas e dois com bombas e tochas de iluminação), liderada pelo Tenente-comandante John Hale seguiu 40 minutos mais tarde. Apesar do óbvio significado do aparecimento do Maryland sobre a base naval no dia anterior, os italianos foram pegos desprevenidos completamente quando o avião de Williamson surgiu no porto de Táranto; acrescenta-se a isso o fato da barragem de balões, que se esperava que causasse algum transtorno durante o ataque, havia sido quase toda destruída pelas tempestades um dia antes. Além disso, os italianos haviam decidido suspender o uso de redes antitorpedos com o pretexto de que elas restringiam o movimento dos navios. Duas

tochas de iluminação rapidamente revelaram a posição do novo encouraçado Littorio (35 mil toneladas), e com três torpedos ele foi prontamente a pique, no seu encoradouro. Dois encouraçados mais antigos, Conte di Cavour e Caio Duilio (ambos com 23.600 toneladas) também foram avariados, o primeiro nunca mais navegou, o segundo foi levado para a praia, para evitar seu afundamento. No interior do porto, um cruzador blindado e um destroyer sofreram avarias. Em consequência do ataque, a defesa entrou em ação e dois Swordfish foram derrubados, incluindo o pilotado pelo próprio Williamson, embora ele e sua tripulação tenham sobrevivido e feitos prisioneiros. O outro Swordfish falhou em soltar seu torpedo. Numa única ação, metade da esquadra da Itália foi colocada fora de ação, um golpe do qual os italianos nunca se recuperaram completamente. Em numerosas oportunidades durante os três anos seguintes, sua esquadra evitou lutar contra a Royal Navy, por ter sido despojada de sua força principal. Na Batalha de Cape Matapan, em 28 de março de 1941, quando uma poderosa força italiana de encouraçados poderia ter severamente danificado a Esquadra do Mediterrâneo do Almirante Sir Andrew Cunningham, os dois principais navios inimigos (embora um deles atingido) conseguiram escapar a salvo, deixando com que três cruzadores e dois destróieres fossem afundados pela Royal Navy. Na consequente evacuação da Grécia e Creta pelas forças inglesas, as perdas de navios da Royal Navy foram atrozes, principalmente infligidas pelo ar. Caso toda a frota de guerra italiana estivesse intacta, as perdas teriam sido imensuravelmente piores.

↑ A marinha italiana possuía um grande número de destroyers bem armados. Como a maioria das classes de navios de guerra, eles eram construídos para serem velozes, mas a leveza do desenho desses destroyers os traiu depois da Batalha de Sirte, quando dois deles naufragaram em mar profundo.

TARANTO: A NOITE DO SWORDFISH

A força aérea italiana falhou em detectar a tempo a aproximação da esquadra inglesa em Taranto. Alguns pesados hidroaviões chegaram perto, mas foram derrubados pelos caças British Fulmar, operando sob controle de radar. Assim, o ataque foi uma completa surpresa e afundou metade dos navios de guerra da esquadra italiana, alterando o equilíbrio do poder no Mediterrâneo num só golpe. Os ingleses tiveram sorte: depois das tempestades no começo da semana, somente 27 de uma barragem de 90 balões que protegiam os navios continuavam no ar na noite do ataque, e as redes antitorpedos não eram suficientes para proteger os navios apropriadamente.

OPERAÇÃO JULGAMENTO
CRONOLOGIA

Apesar de usarem biplanos Swordfish obsoletos, os aviadores ingleses que atacaram a base naval italiana de Táranto foram capazes de alterar o equilíbrio do poder no Mediterrâneo. Os três maiores encouraçados italianos foram postos fora de ação em apenas poucos minutos, e quatro outros navios foram danificados.

1940

21 DE OUTUBRO

Foi a primeira data estabelecida para a Operação Julgamento, o ataque inglês contra a base naval italiana em Táranto. O ataque foi adiado, entretanto, depois de um incêndio a bordo do porta-aviões Illustrious e de problemas técnicos no porta-aviões Eagle.

9 DE NOVEMBRO

O Illustrious segue para a posição de preparação para atacar Táranto. Um avião Swordfish faz um pouso forçado depois de um problema de motor.

10 DE NOVEMBRO

A força inglesa sofre bombardeio da aviação italiana quando se aproxima de Malta. Há pouco dano e um bombardeiro italiano é derrubado. Outro Swordfish é perdido por causa de defeito no motor.

11 DE NOVEMBRO

Mais um Swordfish é perdido por causa de falha mecânica, o terceiro em dias. Combustível contaminado é descoberto como sendo a causa do problema. Mesmo assim, é dado o sinal de seguir em frente com a operação e por volta das 22h00, o Illustrious lança seu primeiro grupo de Swordfish, partindo da posição da ilha grega de Cephalonia, a 290 km de distância do sul da Itália.

22H58

O primeiro avião começa o ataque a Táranto. Duas tochas de sinalização lançadas de avião marcam os alvos para os aviões lança-torpedos que se aproximam.

23H14

O encouraçado italiano Cavour é atingido por um torpedo do Swordfish L4A. O avião é derrubado pelo fogo antiaéreo, mas os membros da tripulação sobrevivem.

23H15

O Doria é atingido por dois torpedos perto da proa. Pouco depois, o encouraçado Littorio é atingido na proa e no estibordo na proa, resultado de um corajoso ataque do Tenente. N.M. Kemp em volta de uma densa barragem de proteção formada de balões. O estibordo na popa é atingido por outro torpedo do avião L4M. Os dois torpedos finais que seguiram a primeira onda não tiveram sucesso, um torpedo lançado contra o Vittorio Veneto afundou e explodiu na superfície do porto, o outro acertou o Libeccio, mas não explodiu.

23H35
O segundo grupo de aviões se dirige para a posição de ataque.

23H50
Tochas de iluminação são atiradas na área do alvo. Os dois aviões que atiram as tochas se-guem para atacar o depósito de óleo do porto, sem sucesso.

24H00
O encouraçado Caio Duílio, atracado no Mar Grande, é atingindo por um torpedo perto da proa.

12 DE NOVEMBRO

0H01
O Littorio - já afundando devido aos ataques anteriores - é atingido mais uma vez. O Swordfish E4H é derrubado pela bateria antiaérea, o copiloto é morto. O Vittorio Veneto escapa de danos no novo ataque, esta vez do Swordfish E5H (Wellham-Humphreys). O Trento é atingido por uma bomba atirada do L5F, mas a bomba não explode.

1H22
As defesas de Táranto suspendem o fogo. O ataque terminou.

3H00
Todos, exceto dois Swordfish, retornam ao Illustrious.

EVENTOS INTERNACIONAIS 1940

21 DE OUTUBRO
O Primeiro-Ministro Winston Churchill faz uma transmissão por rádio para o povo francês, implorando para que resista à ocupação alemã e assegura que 'Vamos procurar combater de todas as formas Hitler e o Hitlerismo — todo o tempo e até o fim.' No Reino Unido, a cidade de Liverpool sofre seu 200º ataque aéreo do ano.

↓ O encouraçado italiano Caio Duilio jaz danificado no porto de Táranto na manhã seguinte à Operação Julgamento. O Duilio foi deliberadamente levado a encalhar para evitar que afundasse. Foi recolocado no mar um mês depois por equipes especializadas em salvamento e reparos e totalmente consertado em seis meses.

6 DE NOVEMBRO

Franklin D. Roosevelt é reeleito Presidente dos Estados Unidos.

9 DE NOVEMBRO

Em Alsácia-Lorena, os alemães iniciam a expulsão de quase 200 mil cidadãos franceses.

11 DE NOVEMBRO

O campo de concentração de Dachau conduz sua primeira execução em massa, matando 55 acadêmicos poloneses. Bem mais de 40 mil prisioneiros morreriam em Dachau, até o final da guerra.

11 DE NOVEMBRO

Em Paris, estudantes fazem uma demonstração diante do Arco do Triunfo contra a ocupação alemã. A demonstração é brutalmente dispersada por unidades militares alemãs.

12 DE NOVEMBRO

Hitler dá ordens políticas para atrair a Espanha para a aliança do Eixo. Hitler ansiava usar a Espanha como base, e de lá lançar um ataque sobre Gibraltar e controlar as rotas marítimas do Mediterrâneo. O líder da Espanha, General Franco, mantém a Espanha 'não-beligerante', apesar da pressão de Hitler.

↓ Uma foto inglesa de grande altitude, de reconhecimento do porto de Taranto depois do ataque inglês. Círculos de óleo são claramente visíveis se espalhando em volta dos navios atingidos, resultado de disparos de torpedos.

VITÓRIA DE O'CONNOR
OPERAÇÃO COMPASSO

Dezembro de 1940: a Força do Deserto do Oriente está se preparando para contra-atacar os exércitos italianos que estão ameaçando o Egito.

A invasão italiana do Egito, em setembro de 1940, parou em Sidi Barrani, a 96 km de Mersa Matruh, aparentemente por causa da falta de combustível, água e, talvez, energia. As formações líderes italianas passaram os próximos dois meses construindo campos fortificados em um quadrante que ia do deserto de Maktila na costa, até Sofafi, ao topo do Escarpment. Em 9 de dezembro, o General Richard O'Connor lançou a Operação Compasso, um 'ataque de 5 dias' por ambas as divisões da Força do Deserto do Oriente. A intenção era atacar dois ou mais campos fortificados, ameaçar outro no Escarpment, atingir quartéis e guarnições em Sidi Barrani e Maktila, e, se tudo fosse bem, avançar o mais possível o limite da fronteira e destruir outras instalações inimigas por ali. Eles iriam, então, fazer tantos prisioneiros quanto possível antes de escapar para a costa de Mersa Matruh ou para o deserto. A operação pegou os italianos de surpresa, com a maioria das guarnições no meio do preparo do café da manhã. Pesado e irresistível, o grupo de tanques tipo Matilda surgiu no topo da elevação a meia milha das entradas principais dos campos, devastando qualquer vestígio de defesa colocada contra ele, derrubando portões e varrendo as áreas dos campos com fúria vingativa. Os tanques eram impenetráveis a qualquer tipo de disparo, mesmo da artilharia italiana. À tarde, Nibeiwa estava nas mãos dos ingleses; o campo de Tummar ao norte, no anoitecer e o campo mais perto da costa se rendeu na manhã seguinte sem disparar um só tiro.

↑ A vitória abaladora de O'Connor foi possível devido aos esforços hercúleos de suas tropas. Na longa corrida através de Cyrenaica, o desgaste de homens e máquinas foi severo e no final da operação, somente 20 por cento dos veículos ingleses continuavam operacionais.

ESFORÇOS HERCÚLEOS: A CORRIDA PARA A LÍBIA

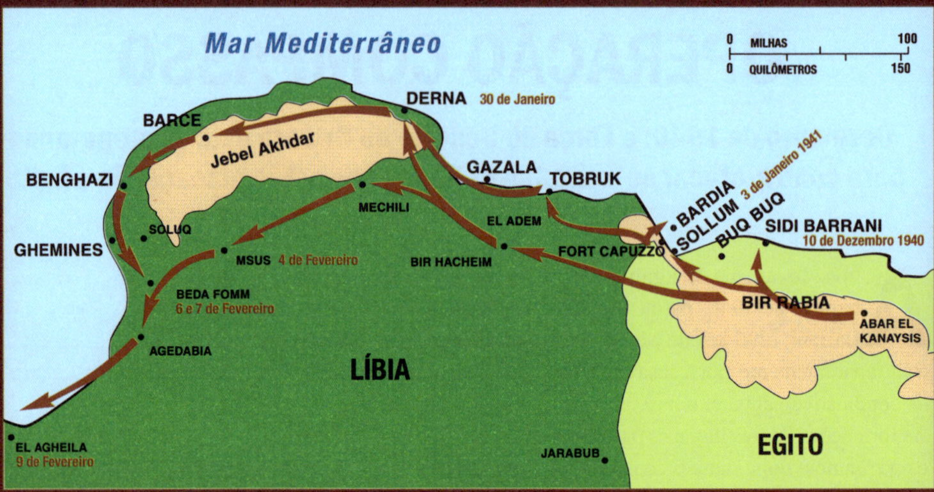

↑ A vitória abaladora de O'Connor foi possível devido aos esforços hercúleos de suas tropas. Na longa corrida através da Cirenaica, o desgaste de homens e máquinas foi severo e no final da operação, somente 20 por cento dos veículos ingleses continuavam operacionais.

Enquanto Sidi Barrani tinha sido ocupada, as patrulhas avançadas da 7ª Divisão Blindada estavam esquadrinhando regiões para o oeste, e no anoitecer de 10 de dezembro, um dos maiores problemas para a Força do Deserto do Oriente foi como lidar com 20 mil prisioneiros. Bardia foi cercada pelos australianos em 17 de dezembro e tomada por eles em 3 de janeiro; no anoitecer de 6 de janeiro, caíram as últimas defesas italianas, milhares de prisioneiros a mais foram arrastados para o leste, e uma brigada blindada ingles a - a 7ª - havia alcançado El Adem em seu caminho para atingir Tobruk. Seus veículos precisavam desesperadamente de cuidados, os olhos dos que os dirigiam estavam tingidos de vermelho e todos estavam mais famintos e sedentos do que acreditavam ser possível - mas estavam vencendo e isso compensava tudo. A 19ª Brigada australiana e os atiradores de rifle do 7º Grupo de Apoio chegaram ao perímetro de Tobruk em 12 de janeiro, outras duas brigadas australianas os seguiram no dia 17. No dia 21 de janeiro, coberta pelas armas do Grupo de Apoio e do fogo de baixo calibre dos tanques, a infantaria montada australiana fez seu primeiro ataque a Tobruk.

Tudo estava acabado em 36 horas: poucos postos italianos estavam guarnecidos com algum grau de determinação, e a guarnição naval em volta do porto se entregou sem disparar nem um tiro. Na manhã seguinte, novas ordens chegaram aos homens da Força do Deserto do Oriente: agora, estavam incumbidos de realizar um ataque a Benghazi, então seu avanço devia continuar para o oeste - os australianos seguiram para Derna, a 7ª Divisão Blindada se concentrou em Mechili, no Trig el Abd, sul de Jebel Akhdar. Chegaram lá em 2 de fevereiro. A empolgação fazia com que continuassem seguindo adiante. Eles estavam dirigindo veículos em urgente necessidade de serviços de manutenção, por um caminho horrível, sobre o qual quase nada era sabido, exceto que ele levava à direção certa. Eles possuíam nos veículos dois dias de comida e água, e combustível suficiente para levá-los à área do alvo e tanta munição quanto espaço puderam arranjar.

↓ As tropas italianas regulares usavam um uniforme cinza/verde, mas o exército no Norte da África geralmente usava o uniforme colonial cáqui. Este oficial veste o uniforme 'cordellino twill' mais leve e carrega uma pistola Beretta. Para a vestimenta do serviço de campo, o emblema era supostamente bordado em preto.

↑ Com capacidade de desenvolver não mais que 13 km/ph (8 milhas/ph), o pesado tanque Matilda era invulnerável aos canhões antitanque italianos. O regimento de tanques Matilda, enviado da Inglaterra, liderou o ataque contra os campos italianos nas imediações de Sidi Barrani. Sua única desvantagem era a inabilidade de seu canhão de 40 mm disparar bólidos de alto poder explosivo tão bem quanto cartuchos antitanques.

Os carros blindados líderes estavam perseguindo uma espantada guarnição para fora do forte de Msus na tarde de 4 de fevereiro os primeiros tanques cruzadores chegaram por ali na manhã seguinte, e à tarde, os canhões e a infantaria do grupo de suporte haviam corrido até Antelat e de lá atravessado a estrada costeira em Beda Fomm. Depois, um batalhão de atiradores da Rifle Brigade se espalhou pela estrada em posições de tiro em apoio para sua retaguarda e para os carros blindados em patrulha pela extensão da praia a sua esquerda. Ao todo, a força consistia de cerca de 600 homens.

ITÁLIA CONTRA-ATACA

Quando a manhã chegou, um pequeno ataque foi lançado contra as formações inglesas por 13 tanques M13, os quais haviam sido levados para a cabeça da coluna durante a noite; mas o ataque se confrontou com uma tempestade de fogo. Quando a fumaça da batalha clareou, viu-se 13 tanques italianos parados e em combustão lenta, alguns com seus trens de rolamento arrancados, alguns com sua tripulação morta pelo fogo, um deles parado somente a metros da barraca da qual a ação havia sido toda dirigida; a força do General O'Connor tinha avançado 800 km e destruído o 10º Exército italiano, fazendo 130 mil prisioneiros, incluindo sete generais — que custaram para eles 550 mortos ou desaparecidos, e 1.373 feridos.

Foi um feito memorável sob todos os aspectos e agora, apesar da condição de seu equipamento, todos os homens da força estavam certos que eles conseguiriam se arrastar adiante, até Trípoli, tirando completamente os italianos da África do Norte. Com isso em mente, o oficial-chefe de O'Connor seguiu de volta a Cairo.

Ele chegou cedo, na manhã do dia 12 de fevereiro, e às 10h00 estava no escritório do General Wavell. Todos os mapas do deserto que antes cobriam toda a parede já não estavam lá; em seu lugar, havia um grande mapa da Grécia. "Como vê, Eric", disse Wavell, apontando para o mapa, "estou planejando minha campanha de primavera!" Avanços nos Bálcãs haviam conspirado para tirar O'Connor e seus homens de sua maior vitória.

VITÓRIA DE O'CONNOR
CRONOLOGIA

A Operação Compasso conferiu o realmente necessário estímulo moral para o povo inglês. Um quarto de milhão de soldados italianos foi derrotado por uma força inglesa que somava 36 mil homens no Egito e na Líbia, dando o retrato da pobre campanha da Itália no Norte da África.

↓ Uma coluna italiana se move ao longo de uma estrada costeira no Norte da África. A qualidade de treinamento da maioria das divisões italianas em 1940-41 era terrivelmente inadequada. Este fator, mais do que a questão da bravura, teve a ver com muitos dos problemas vividos pela Itália no Norte da África.

1940

SETEMBRO

Forças italianas na Líbia sob o comando do Marechal Graziani atravessam o Egito. Eles ocupam a cidade costeira de Sidi Barrani e erguem uma série de campos militares fortificados no sul da cidade, formando uma linha de defesa. Os campos são chamados Leste, Norte e Sofafi Oeste, Nibeiwa, Tummar Leste e Tummar Oeste.

6 A 8 DE DEZEMBRO

O Major General Richard O'Connor, comandante da Força do Deserto do Oriente, lança os estágios preparatórios da Operação Compasso, originalmente planejada como um 'ataque de cinco dias' contra as posições italianas. A 7ª Divisão Blindada, a 4ª Divisão Indiana e a Divisão Nova Zelândia, que juntas chegavam a 36 mil homens, movimentaram-se de suas bases em Abar el Kanaysis e Mersa Matruth e avançaram cerca de 112 km para dar início à linha ofensiva em 'Piccadilly', para o sudoeste do forte de Nibeiwa.

9 DE DEZEMBRO

É lançada a Operação Compasso. A 7ª Divisão blindada ataca os campos de Sofafi e Rabia e os campos do norte e segue para o norte para bloquear a estrada costeira líbia em Buqbuq. Simultaneamente, o 7º Regimento Real de Tanques e a 4ª Divisão Indiana atacam e tomam os campos em Nibeiwa e Tummar Oeste.

10 DE DEZEMBRO

Tummar Leste cai, o último dos campos do norte. Os italianos em Sidi Barrani estão efetivamente cercados, com outra unidade inglesa — Selby Force — avançando pelo lado oeste, seguindo a estrada costeira. A Selby Force ejetou a 1ª Divisão Líbia italiana de Maktila, e seguiu para tomar Sidi Barrani. Mais de 38 mil soldados italianos são feitos prisioneiros. O XXI Corps italiano, que escapou do cerco, bateu em retirada.

11 DE DEZEMBRO

A Royal Navy transfere o bombardeio para Sollum, a oeste de Buqbuq, para retardar a velocidade da retirada italiana ao longo da costa do norte. A Divisão Catanzaro fica mais tarde presa entre Buqbuq e Sollum, sofrendo perdas pesadas e dando aos Aliados mais de 30 mil prisioneiros.

1941

22 DE JANEIRO

O avanço Aliado alcança e toma o estratégico porto de Tobruk, provendo aos Aliados uma melhor seguridade logística para seu maior avanço através da África. Desde o começo da Operação Compasso, eles avançaram mais de 200 milhas contra as forças italianas, que somavam 250 mil soldados, e fizeram mais de 130 mil prisioneiros italianos.

↑ Uma bateria de canhões de campo 25-pdr dispara contra posições inimigas. O 25-pdr foi uma excelente arma, comparável com o Flak alemão de 88 mm, possuindo um alcance de 12.250 metros e velocidade de boca de 518 m/por segundo.

EVENTOS INTERNACIONAIS

1940

10 DE DEZEMBRO

Dois espiões alemães foram enforcados na prisão de Pentonville, Londres. Jose Waldberg e Carl Meier foram os primeiros espiões a serem executados no Reino Unido. O eficiente serviço de informações inglês assegura que quase todos os espiões alemães no Reino Unido foram aliciados durante a guerra.

11 DE DEZEMBRO

O Reino Unido faz novas solicitações de ajuda aos EUA. O embaixador inglês Lord Lothian diz aos oficiais americanos que 'com sua ajuda em aviões, munições, em navios e no mar, e o campo das finanças sendo agora discutido entre o seu Tesouro e o nosso, ficamos certos da vitória'.

→ Tropas italianas inspecionam uma posição. Em meados de 1940, o exército italiano no total possuía 43 divisões de infantaria, com duas divisões motorizadas e onze divisões 'transportáveis' capazes de fazer movimentos motorizados.

17 DE DEZEMBRO

O Presidente Roosevelt publicamente anuncia que os Estados Unidos irão ceder armas e outros equipamentos militares para o Reino Unido, parte do que ficou conhecido como projeto Lend-Lease.

19 DE DEZEMBRO

O British Purchasing Commission faz pedidos da ordem de 750 milhões de dólares de suprimentos de guerra ao governo dos EUA, incluindo um pedido para mais de 12 mil aviões.

27 A 29 DE DEZEMBRO

Londres sofre uma série de horríveis bombardeios da aviação alemã, que atirou principalmente bombas incendiárias. No dia 29, Roosevelt anuncia que os EUA devem se tornar o 'arsenal da democracia', dando grande ímpeto para o projeto Lend-Lease.

HITLER ATACA O SUL
A INVASÃO DOS BÁLCÃS

A Operação Compasso conferiu o realmente necessário estímulo moral para o povo inglês. Um quarto de milhão de soldados italianos foi derrotado por uma força inglesa que somava 36 mil homens no Egito e na Líbia, dando o retrato da pobre campanha da Itália no Norte da África.

Em 25 de março, o Ministro do Exterior iugoslavo Aleksander Cincar-Markovic assinou um pacto com Hitler garantindo as fronteiras iugoslavas em troca da neutralidade e desmilitarização da costa Adriática. Porém, nem Hitler ou o Príncipe-Regente Paul, soberano da Iugoslávia, haviam avaliado corretamente o temperamento da população iugoslava. Em 27 de março, os tanques iugoslavos se movimentaram em Belgrado, e o rádio anunciou o imediato exílio de Paul, a subida ao trono de Rei Peter II, de 17 anos de idade, e a renúncia ao pacto com a Alemanha. O golpe foi comemorado com muita alegria em Belgrado. Hitler ficou tomado pela raiva. Ele passou ordens para os comandantes da Wehrmacht preparar 'a destruição da Iugoslávia'.

OPERAÇÃO MARITA

O 12º Exército do Marechal de campo Siegmund List havia seguido da Romênia para a Bulgária, para levar adiante a Operação Marita, a invasão do norte da Grécia. Em vista da presença de tropas inglesas e da Anzac (sigla para Austrália e Nova Zelândia) na Grécia, não havia por que limitar a Marita a Thrace e Macedônia. A Operação Strafgericht (Punição), a invasão da Iugoslávia, e a

↓ Este Sturmgeschutz III do XL Panzer Corps, do XII Exército de List, passa pelo sopé da Acrópolis, em Atenas, em 1941. Desde o começo da união das duas operações, levou menos de um mês para os Bálcãs serem ocupados. A vitória alemã foi altamente simbólica. Foi uma vitória que provocou quase um enfraquecimento fatal das Forças Inglesas no Norte da África.

Marita começaram ambas em 6 de abril, com ataques contra Belgrado pela Luftwaffe. Na noite seguinte, 17 mil pessoas haviam sido mortas. No mesmo dia, o porto de Piraeus, no sul da Grécia, estava congestionado com o comboio AFN 24, que havia trazido mais tropas

para dar suporte ao Anzac Corps, avançando em direção da área de Kozani. A Luftwaffe bombardeou o porto e atirou minas de paraquedas, bloqueando a rota de fuga do comboio do porto. Enquanto isso, a 9ª Divisão Panzer avançou de Petrich, primeiro para Stip e depois para Skopje. Em 8 de abril, o I Panzer Group do Coronel-General Paul von Kleist seguiu para o noroeste, pelo vale de Nisava, para capturar Nis, seguindo no dia seguinte a margem do Rio Morava, em direção a Belgrado. No mesmo dia, o LI Corps, do II Exército do Marechal de campo Max von Weichs, saiu do sul, de Styria, para tomar Maribor e daí se dirigiu a Zagreb, com uma divisão virando a oeste para Ljubljana. Em 11 de abril, a 8ª Divisão Panzer atravessou o Rio Drava vinda de Bares, seguindo do noroeste para Belgrado.

↓ Motociclistas alemães do XLI Motorised Corps entram na capital iugoslava em 12 de abril, seis dias depois das Operações Strafgericht e Marita terem começado.

SIMPATIAS CROATAS

O avanço germânico foi rápido, devido ao pânico e confusão entre as linhas iugoslavas, que eram mal equipadas e estavam muito desmoralizadas. As unidades de Weichs estavam avançando para Croácia. Os croatas haviam há muito se rebelado contra a maioria sérvia, que por anos governaram a Iugoslávia com arrogância contra as minorias. As formações da Ustase (movimento revolucionário croata) depuseram suas armas e em mais de uma ocasião, saudaram o avanço das unidades alemãs.

Em 10 de abril, Zagreb estava firmemente em mãos alemãs, e dois dias mais tarde, o prefeito de Belgrado oficialmente rendeu sua cidade a um capitão da SS que dirigia seu pelotão adiante da principal coluna da XIV Corps alemã. No dia 14 de abril, cedo, o exército iugoslavo capitulou. Sua chefia formalmente pediu um armistício e o Rei Peter e seu governo voaram para Atenas. A brecha do Monastir (Monastir Gap) estava agora livre para a invasão alemã da Grécia.

A INVASÃO DA GRÉCIA

Da Bulgária, a XX Corps alemã, do 20º Exército, seguiu ao sul da região da Arda para Thrace, isolou os dois fortes em Nymphaea e Ekhinos, aniquilando a Brigada Evros grega. Daí, o XXX Corps virou rumo ao leste, na direção de Metaxas Line, sobre o Rio Nestos — tudo em um só dia. Para o leste, a 2ª Divisão Panzer, que tinha primeiro seguido a oeste dentro da Iugoslávia, em Strumica, então, virou ao sul, atravessando a fronteira. Pela manhã do dia 9 de abril, alcançou Salonika logo atrás da Metaxas Line, destruindo os remanescentes de uma numerosa retaguarda e precipitando o colapso de todo o Exército Oriental Greco-Macedônio.

A primeira patrulha passou através da brecha logo em 8 de abril. O General Maitland Wilson havia trazido atiradores de metralhadora da Nova Zelândia para dar apoio à 1ª Brigada Blindada da Inglaterra e para estender as defesas da brecha de Vevi (Vevi Gap) dentro da Iugoslávia, por onde os alemães tinham a intenção de penetrar. O General Wilson estava numa situação incomum, comandando as tropas da Comunidade das Nações (Commonwealth) em um país estrangeiro, embora amigo. Corroborando o conhecimento de sua própria fraqueza, ele sabia dia após dia não apenas a ordem de batalha do inimigo, mas também suas intenções locais, graças ao Ultra, o decifrador do código Enigma alemão.

Já em 7 de abril, Wilson ficou sabendo do plano alemão a respeito do exército de List em Thrace e Macedônia. No dia seguinte, ele sabia quais formações estariam se dirigindo para a brecha de Monastir para atacar as forças inglesas e Anzac sob seu comando. Wilson sabia que suas unidades não estavam fortes o suficiente para enfrentá-las. Portanto, ele não iria repelir o invasor, mas retirar todas as forças quantas fosse possível sobreviver. Em 12 de abril, ele sabia que os vitoriosos de Salonika estavam a ponto de atingi-lo pelo flanco no leste. Ele ordenou a evacuação de Vevi e em 14 de abril, aqueles que haviam saído foram se juntar aos neozelandeses ao longo da margem do Rio Aliakmon e passar por volta do Monte Olympus. Eles contiveram o ataque alemão por quatro dias, até 18 de abril, quando Wilson ficou sabendo por meio do Ultra que os blindados alemães estavam se dirigindo para Ioannina e para a região da Tessália, para flanqueá-lo outra vez, agora pelo oeste.

Em 19 de abril, as tropas Anzac e inglesas estavam entrando em massa por Termópilas. Os navios da Royal Navy foram evacuando da base de Piraeu. No entanto, 50 mil homens não podiam ser tirados de um único porto, assim o 4º Hussars foi para o sul para manter aberta a ponte sobre o Canal de Corinto e para guardar as praias na costa da Peloponnesia, para uma evacuação em massa.

↑ Este Junkers Ju 87R-2 do 1./StG 1 estava servindo em Krainici, na Bulgária, em abril de 1941. Modelo de longo alcance, equipado com tanques sob as asas, este avião usa a cor amarela, requisito para a Operação Marita. Entretanto, a preponderância de amarelo na cauda sugere que ele era um avião líder de formação. StG 1 foi convocado do Norte da África para reforçar o StG 2 'Immelmann' na Bulgária, imediatamente antes das invasões de Iugoslávia e Grécia.

CAPITULAÇÃO GREGA

O General Alexander Papagos avisou seu Rei, em 21 de abril, que o exército grego não podia mais lutar. A retaguarda em Termópilas manteve-se até 24 de abril, então, se dispersou. O General Wilson deixou Atenas em 26 de abril e atravessou a Ponte Corinth. Pelos próximos dois dias, somente a Luftwaffe podia importunar a evacuação, afundando um transportador e dois destróieres no mesmo dia. Mas a Royal Navy seguiu em frente e 26 mil homens foram evacuados nos dois dias seguintes. Em 28 de abril, a 5ª Divisão Panzer e a SS 'Leibstandarte Adolf Hitler' atravessaram o Canal de Corinto, e os Panzers seguiram para Kalamata. Nenhum navio podia resgatar os 7 mil soldados que continuavam ali. A Força Expedicionária Imperial havia perdido perto de 12 mil homens, incluindo 900 mortos e 1.200 feridos. A RAF perdeu 209 aviões, incluindo 137 destruídos no chão. A Royal Navy perdeu dois destróieres e 25 outros navios. De uma forma ou outra, os ingleses tinham mantido sua promessa de defender a Grécia.

HITLER ATACA O SUL
CRONOLOGIA

Em 28 de outubro de 1940, a Itália invadiu a Grécia. Embora as forças fossem numericamente superiores àquelas dos gregos, sofreram uma esmagadora derrota. Foi deixado para a Alemanha conquistar os Bálcãs.

↓ Um NCO alemão dispara um sinal com sua arma de sinalização Walther, em Mostar, Bósnia. Era tão grande a inferioridade do exército iugoslavo que somente 151 alemães foram mortos na primeira campanha iugoslava.

1940

28 DE OUTUBRO

A Itália invade a Grécia com mais de 200 mil soldados. Uma combinação do talento da resistência grega e a cobertura da British Royal Air Force obrigou-a a se retirar em duas semanas.

1941

25 DE MARÇO

Príncipe Paul, comandante da Iugoslávia, assina a Aliança com o Eixo, que é cancelada dois dias mais tarde por um golpe liderado pelos generais nacionalistas iugoslavos Bora Mirkovic e Dusan Simovic. Simovic se torna líder do governo e renuncia a Iugoslávia como membro do pacto Tripartite.

26 DE MARÇO

Hitler diz aos principais comandantes em Berlim: 'Decidi destruir a Iugoslávia.'

6 DE ABRIL

Unidades alemãs começam a simultânea invasão da Grécia e Iugoslávia, codinominada Operação Marita. As forças invasoras incluem 24 divisões de soldados e 1.200 tanques.

8 DE ABRIL

A capital da Iugoslávia, Belgrado, é arrasada por um bombardeio maciço alemão, resultando em estimadas 30 mil mortes.

9 DE ABRIL

Grécia. A 'Linha Metaxas' - uma corrente de defesas no lado nordeste da Grécia, defendida por quatro divisões gregas - é cercada e derrotada por unidades do 12º Exército alemão. Os alemães também capturam o porto vital de Salonika, evitando que os Aliados reforcem suas unidades no Norte da Grécia, através do mar.

10 A 16 DE ABRIL

Grécia. As defesas ao longo de 160 km nas Montanhas Vermion, conhecidas como 'Linha Aliakmon', são derrotadas. A linha havia sido estabelecida com três divisões de soldados ingleses, australianos e da Nova Zelândia.

12 DE ABRIL

Os soldados Aliados da linha Vermion são recolocados em posições defensivas mais ao sul, nas imediações do Monte Olympus.

12 DE ABRIL

A capital iugoslava, Belgrado, é capturada pelos alemães. As forças iugoslavas tinham sido esmagadas completamente, através do país, por um ataque alemão vindo da Áustria, Hungria, Romênia e Bulgária, e um empurrão italiano do norte da Albânia.

14 DE ABRIL

Iugoslávia. Unidades gregas na Albânia são isoladas de seu país, depois que as forças alemãs dizimaram as unidades iugoslavas na brecha do Monastir e entraram no norte da Grécia.

16 DE ABRIL

Unidades Aliadas estão em completo recuo em toda Grécia. A retirada é, em parte, feita a pedido do comandante-em-chefe grego, General Alexander Papagos ao Primeiro-Ministro inglês Winston Churchill para que os soldados Aliados saíssem para salvar a Grécia de ser destruída pelos alemães.

17 DE ABRIL

O exército iugoslavo se rende e a liderança da Iugoslávia assina uma rendição incondicional.

20 DE ABRIL

O exército grego se rende às forças alemãs e italianas.

↑ Um porta-voz alemão dá uma entrevista a uma rádio de um correspondente de guerra comunicando a captura de Belgrado, Iugoslávia. As forças germânicas que permaneceram na Iugoslávia como forças de ocupação iriam lutar numa amarga guerra antipartisan, da qual resultou quase um milhão de iugoslavos mortos no final da guerra.

26 DE ABRIL

Grécia. Unidades aéreas alemãs fazem um ataque com paraquedistas para tomar a ponte que atravessa o Canal de Corinto. Seu objetivo é capturar a ponte e barrar a retirada dos Aliados, porém, a maioria dos Aliados já havia escapado mais ao sul. Acidentalmente, a ponte foi destruída durante a ação.

27 A 30 DE ABRIL

Os retirantes Aliados começam a atingir a costa sul da Grécia e são evacuados por navios da Royal Navy que estavam à espera na Operação Demon. Cerca de 51 mil soldados Aliados conseguem escapar. Atenas é ocupada no dia 27 e a Grécia capitula.

EVENTOS INTERNACIONAIS

1941

24 DE MARÇO A 25 DE ABRIL

As forças da Alemanha e Itália avançam mais de 500 milhas através do norte da África, de El Agheila, na Líbia, para Halfaya Pass, no Egito. No caminho, eles capturam as cidades costeiras de Benghazi, Derna e Barnia, tirando portos cruciais dos Aliados.

↓ O maior obstáculo para o avanço alemão nos Bálcãs era muitas vezes o terreno, particularmente na Grécia, onde os combatentes podiam fazer emboscadas, de posições nas montanhas, antes de desaparecerem de volta à paisagem familiar.

Tobruk, entretanto, se mantém isolada, mas tenazmente defendida.

28 E 29 DE MARÇO

A marinha italiana e a inglesa se confrontam numa ação de grandes proporções na costa do sul da Grécia, subsequentemente conhecida como a Batalha de Cape Matapan. A batalha é um sucesso inglês retumbante, com cinco navios italianos afundados contra a perda de um único avião inglês do porta-aviões Formidable.

1º A 18 DE ABRIL

Iraque. O governo do Regente Faisal é deposto por um golpe pronazi, liderado pelo político nacionalista Rashid Ali.

6 DE ABRIL

As forças Aliadas tomam Adis-Abeba, a capital da Etiópia, do exército italiano do Leste da África.

13 DE ABRIL

A União Soviética e o Japão assinam um pacto de não-agressão de cinco anos.

7 DE ABRIL

O Reino Unido corta todas as relações diplomáticas com a Hungria, arguindo que a Hungria se transformou efetivamente numa base de operações.

14 DE ABRIL

Depois de três noites de bombardeio contínuo, a cidade costeira de Plymouth, na Inglaterra, fica com 30 mil pessoas desabrigadas.

A MORTE VEM DE CIMA
A INVASÃO AÉREA DE CRETA

Abril de 1941: enquanto o exército alemão está avançando sem piedade através da Grécia, sua atenção se volta para a maior das ilhas gregas, Creta.

No final de abril de 1941, os últimos dos sobreviventes Aliados da desastrosa campanha grega chegaram a Creta, e como parecia óbvio para muitos, a ilha seria certamente o próximo alvo da agressão de Hitler; os feridos, os incapacitados e os não-combatente foram evacuados para o Egito. O Major General Bernard Freyberg, VC, então, avaliou as forças sob seu comando e começou a dispô-las para a defesa da ilha.

Ele posicionou duas brigadas de seus próprios neozelandeses (a 4ª e 5ª) em volta dos vitais campos de pouso de Maleme, com o apoio de três batalhões gregos. Na área de Suda Bay, Freyberg deixou cerca de 2 mil homens da Mobile Naval Defence Organisation e acrescentou um bata-lhão inglês, um australiano e um grego; para o Retimo, ele destacou três batalhões da infantaria australiana, com o apoio de suas metralhadoras e mais outros dois batalhões gregos; para Hera-klion, ele enviou dois batalhões remanescentes da 14ª Brigada Inglesa, um batalhão australiano, um regimento médio de artilharia sem canhões e mais dois batalhões gregos.

NOVA INTENSIDADE

Em 7 de maio, estavam todos em posição, somando 15 mil ingleses, 7.750 neozelandeses, 6.500 australianos e 10.200 gregos armados. No final daquele mês, outro batalhão de infantaria, 22 velhos tanques e 49 peças de artilharia tinham se juntado à guarnição, vindos do Egito. Formaram defesas, cavaram trincheiras e aguardaram. Na manhã de 20 de maio, eles ouviram um toque diferente na intensidade do ruído provocado pela Luftwaffe - um zumbido, como se fosse a aproxi-mação de enxames de abelhas. Aquilo veio cres-cendo, os neozelandeses em Maleme avistaram um esquadrão enorme de aviões de transporte chegando do além-mar, e assim que chegou acima deles, o céu se encheu de milhares de paraquedas - a batalha de Creta havia começado.

↑ Soldados paraquedistas alemães vitoriosos em Creta: a 7ª Divisão Aérea teve cerca de 50 por cento de perdas durante o ataque a Creta, a maioria no decorrer do primeiro dia. Embora a seção paraquedista alemã tenha sido aumentada mais tarde durante a guerra, nunca mais foi tentado opor-se outro pouso daquele tipo.

ATAQUE EM MALEME

A Operação 'Merkur' era constituída de investidas aéreas, em duas ondas, em quatro lugares ao longo da costa de Creta. Soldados em planadores e tropas de paraquedas atacariam e capturariam Maleme e ali se manteriam até que as unidades da 5ª Divisão de Montanha pudessem chegar; o

↓ Os três campos de pouso (em Maleme, Retimo e Heraklion) foram a chave para Creta. Os alemães arriscaram por ali, usando todas as tropas de paraquedistas juntas contra os três campos, para capturar um deles. Então, os soldados puderam aterrissar em aviões de transporte.

3º Regimento Paraquedista saltaria na região de Galatas e Khania e, então, reforçados pelos homens em Maleme, seguiriam para o leste e tomariam o controle da área de Suda Bay. A segunda onda consistia de outros dois regimentos de paraquedistas, com sua artilharia, que saltariam em Retimo e Heraklion, durante o anoitecer. Enquanto isso, desembarcaria o apoio pelo mar em Maleme durante a noite e mais na manhã seguinte em Heraklion, e Suda Bay de uma vez estaria em mãos alemãs, com tantos Panzers quantos fossem possível desembarcar. Ao todo, 22.750 soldados alemães de elite foram destacados, levados e protegidos por mais de 1.200 aviões. Ainda no final do primeiro dia, pareceu ao seu comandante, General-tenente Kurt Student, que esta poderosa força estava para sofrer a primeira derrota alemã desde 1918. Eles estavam sendo abatidos pelos tiros certeiros de neozelandeses e australianos, muitos deles fazendeiros acostumados a atirar desde crianças. Várias das unidades paraquedistas foram aniquiladas antes de chegarem ao chão, escaparam somente aqueles afortunados o suficiente para aterrissarem longe da concentração de Freyberg. Uma dessas unidades era do Regimento de Ataque, que por engano saltou tão longe a oeste de Maleme que não pôde tomar parte na batalha de imediato. Mas os homens se juntaram e marcharam para o oeste, na direção da Ponte Tavronitis, chegando a tempo de ajudar a derrotar um contra-ataque neozelandês — e a preocupar o comando da Nova Zelândia. O Tenente-Coronel Andrew, VC, DSO, comandante do 22º Batalhão da Nova Zelândia perto do Pico 107, descobriu que a força alemã recém-chegada era poderosa e, agora, estava concentrada. Como seu aparelho de rádio estava quebrado, ele estava sem comunicação com seus outros dois pelotões, tinha sérias dúvidas sobre eles, pois conseguia apenas comunicações fracas e esporádicas de seu quartel-general. Sentindo que naquela manhã poderia haver um ataque tão poderoso que esmagaria seu reduzido batalhão, Andrew retirou-se para uma posição reservada, para ter seus flancos defendidos por seus vizinhos. Fazendo assim, ele deixou o Pico 107 desprotegido, além de um ângulo do campo de pouso Maleme.

A QUEDA DE CRETA: 20 A 31 DE MAIO DE 1941

↑ Este Junkers Ju 52/3m g4e é típico dos aviões que carregaram soldados paraquedistas alemães sobre Creta; cada um levava 12 soldados e mais seu equipamento. O avião voava em formação de três a 240 km/h, separados por 55 m, por volta de 120 m. A velocidade era reduzida para 160 km/h para os homens pularem. Depois que eles saltavam, quatro containers cheio de armas, munição e provisões eram lançados.

↓ O HMS York é fotografado abandonado em Suda Bay. A Luftwaffe havia conseguido a supremacia completa pelo ar e infringiu severas perdas na Royal Navy. As noites mais curtas tornaram impossível sustentar o abastecimento da defesa por mar; depois que o campo de Maleme caiu, Creta estava condenada.

MUDANÇA CARA

Não é exagero dizer que este movimento custou aos Aliados a Batalha de Creta. À noite, Student havia descoberto que o campo Maleme era agora seu, pronto para ser tomado. Ele enviou todos os soldados paraquedistas remanescentes, mais unidades da Divisão de Montanha em Junkers Ju 52s, que voaram sem hesitação através do fogo devastador para aterrissar no espaço guardado e expandido lentamente pelos paraquedistas, até que tivessem juntado ali uma força esmagadora. Então, continuaram a seguir as ordens de Student para 'conquistar Creta partindo do oeste'. Ainda houve cinco dias de fortes combates antes que se tornasse evidente para Freyberg que sua força estava sendo inexoravelmente retalhada, enquanto a de Student era regularmente municiada e reforçada. Em 26 de maio, Freyberg ordenou uma retirada de todas as suas forças através das montanhas, para a costa sul, e pediu ao General Sir Archibald Wavell para organizar uma evacuação das praias, nas imediações da vila de Sfakia. Um batalhão de comando tinha sido despachado, e ele veio a formar uma cabeça de praia perto da vila. Por ali, pelos próximos dias, o restante do comando de Freyberg, exausto, fez seu desconfortável caminho.

→ Cerca de 12 mil soldados ingleses foram deixados para trás depois da evacuação e os alemães foram de casa em casa numa tentativa de encontrá-los. Assim como os turcos antes deles, os alemães logo descobriram que vencer a resistência de Creta era extremamente difícil.

A MORTE VEM DE CIMA

CRONOLOGIA

A Batalha de Creta marcou uma nova era na guerra pelo ar. As tropas aéreas alemãs capturaram a ilha em onze dias, mas com um custo tão grande em vidas, que nunca mais foram usadas operações de paraquedas em grande escala.

↓ Um paraquedista alemão vestido com uniforme de combate. Ele está armado com uma granada Steilhandgranate 39 presa no seu cinto, enquanto que a bolsa do lado sugere que está levando no ombro uma submetralhadora MP40.

1941

25 DE ABRIL

Hitler edita a Führer Directive Nº 28 ordenando a invasão aérea de Creta, com o codinome Operação Mercúrio. A operação será liderada pelo comandante das forças aéreas alemãs, General Kurt Student.

26 DE ABRIL

O grupo Aliado 'Ultra' começa a decifrar as comunicações alemãs que se referem à operação em Creta.

30 DE ABRIL

O Major General Bernard Freyberg toma o comando de todas as forças Aliadas.

19 DE MAIO

O grupo Ultra passa a informação que a Ope-ração Mercúrio será lançada no dia seguinte para Freyberg. Aviões ingleses de combate, posicionados em Creta, são enviados para o Egito.

20 DE MAIO

7H00

A primeira tropa de ataque alemã desce em Creta, perto de Khania e Maleme, usando mais de 500 aviões de transporte Junkers Ju-52. Durante as primeiras horas do combate, eles sofrem uma média de 50 por cento de perdas, sob o fogo pesado Aliado.

13H30 - 14H00

A segunda onda de soldados alemães decola de campos no interior da Grécia e de ilhas gregas.

↑ Um Junkers Ju-52 é atingido sobre a linha costeira do norte de Creta. Embora as perdas alemãs tenham sido extremamente pesadas, eles continuaram manobrando para lançar 9.530 homens somente em 20 de maio, e um total de 17.530 até 23 de maio.

14H00

A segunda onda começa a saltar sobre Rethymnon e Heraklion. Os alemães experimentam uma taxa de perdas similar ao ataque anterior. No final do primeiro dia, muitos dos objetivos-chave dos alemães continuam pendentes.

21 DE MAIO

Pico 107, uma importante colina, taticamente, que dá vista para Maleme, é tomada dos Aliados. Tropas de apoio alemãs do 100º Regimento Gebirgsjäger tentam atravessar para Creta usando barcos de pesca. São interceptadas, no entanto, pela Royal Navy, e somente 60 soldados alemães sobrevivem ao consequente bombardeio. Um ataque alemão em Heraklion é contido por 8 mil defensores Aliados.

22 DE MAIO

Um ataque de tropas da Nova Zelândia para recapturar o campo de pouso Maleme é repelido pela defesa alemã. O destróieres inglês Greyhound é afundado pelo bombardeio alemão.

23 DE MAIO

Os destróieres ingleses Kelly e Kashmir e os cruzadores Gloucester e Fiji são afundados por mergulhadores alemães.

27 DE MAIO

Unidades alemãs ocupam a cidade e o aeroporto de Heraklion. Tropas Aliadas são mandadas de volta a Galatas, em face da presença maciça alemã em Maleme.

30 DE MAIO

Rethymnon finalmente cai, depois dos alemães vencerem a resistência das unidades australianas.

28 A 31 DE MAIO

Sob as ordens do Major General Freyberg, os Aliados executam uma retirada gradual de soldados de Creta. Eles evacuam principalmente pelo mar de Heraklion, no norte, e de Sphakia, no sul. Creta cai nas mãos dos alemães.

EVENTOS INTERNACIONAIS

19 DE MAIO

Mais de 18 mil soldados italianos se rendem para as forças inglesas em Amba Alagi, durante a campanha da Etiópia.

20 DE MAIO

Em Paris, o líder da Resistência Francesa Gabriel Peri é preso pela Gestapo. Ele é executado em dezembro, com cem outros cidadãos franceses.

↑ Um grupo alemão de paraquedistas saído de um Ju-52. O desenho dos paraquedas mostra que quem saltasse tinha de sair num mergulho de cabeça para enfrentar a força instantânea da abertura do paraquedas.

22 DE MAIO

A Inglaterra envia um alerta para as autoridades francesas contra a colaboração ativa com os ocupantes alemães. O Primeiro-Ministro ameaça lançar uma ação militar contra unidades ou fábricas francesas colocadas a serviço da Alemanha.

23 DE MAIO

Marechal Hermann Göring edita propostas para exploração econômica e agricultural dos recursos da União Soviética.

24 DE MAIO

A nação britânica lamenta, depois do anúncio que o HMS Hood, orgulho da esquadra naval, foi afundado pelo encouraçado Bismarck, com a perda de 1.413 vidas.

27 DE MAIO

President Roosevelt declara estado de 'emergência nacional' na escalada da II Guerra Mundial, dizendo 'o que começou como uma guerra europeia tem se desenvolvido do modo como os Nazis sempre quiseram que ela desenvolvesse, chegando a uma guerra mundial, para domínio do mundo.' O governo americano se prepara para adotar uma resposta militar e econômica contra uma possível agressão alemã.

À CAÇA DO BISMARCK EM FUGA PELO ATLÂNTICO

Maio de 1941: o encouraçado Bismarck, orgulho da marinha de Hitler, navegava pelo Atlântico Norte para atacar os vitais comboios do Reino Unido.

Em 18 de maio de 1941, na companhia do novo cruzador KMS Prinz Eugen, o encouraçado KMS Bismarck, de 41.700 toneladas, zarpou de Gotenhafen (Gydnia) na Operação 'Rheinübung'. Tinha a missão de atacar o comércio no Atlântico, e para isso ele estava muito bem apoiado. Foi o que ocupou os últimos 10 dias de sua curta carreira. Como onze comboios estavam no mar ou se preparando para navegar, o Almirantado Britânico ficou seriamente preocupado quando, em 21 de maio, os alemães foram vistos passando pelo Skagerrak. O reconhecimento fotográfico confirmou sua presença, acabando de abastecer em Bergen. Rápidas medidas foram tomadas. Para reforçar os cruzadores pesados HMS Norfolk e Suffolk, já patrulhando as águas geladas de do Estreito da Dinamarca (entre Islândia e Groelândia), o cruzador blindado HMS Hood saiu de Scapa em companhia do encouraçado HMS Prince of Wales e seis destróieres. Dois cruzadores leves estavam patrulhando o espaço Islândia-Faeroes e então, no final do dia 21 de maio, um voo avançado sobre Bergen mostrou os dois navios

→ A ampla largura do Bismarck é instantaneamente aparente. Ele era um navio poderoso, mas seu desenho antigo denotava a longa parada dada pela construção naval da Alemanha, entre as guerras. Mesmo assim, sua velocidade e canhões 8 x 38,1 cm faziam dele uma séria ameaça para a marinha britânica no Atlântico.

alemães que passavam; o Almirante Sir John Tovey, no comando da Frota Home, navegou de Scapa até a área com o corpo principal de sua frota, que incluía dois navios e um porta-aviões.

EM NUVENS DE NEBLINA

As condições do tempo não favoreciam o reconhecimento aéreo e o próximo sinal do Bismarck foi notado pelo Suffolk, penetrando o exíguo espaço entre a margem de gelo e o campo minado no extremo norte do Estreito. A somente 11,25 km de distância, o cruzador inglês procurou se ocultar numa nuvem de neblina próxima, e informou seu consorte e seu comandante-em-chefe. Sob fogo ocasional, os dois cruzadores combateram o inimigo através da noite do dia 23, com uma boa assistência de seus radares antiquados. A performance deles foi convencional, entregando os alemães para o grupo Hood, que estabeleceu contato visual às 5h35 de 24 de maio. Vice-Almirante Launcelot Holland usava sua bandeira em um imponente

SEM LUGAR PARA SE ESCONDER: A ROTA DO BISMARCK

A incursão do Bismarck foi planejada para atacar os comboios pelo Atlântico. O plano teve efeito, mas devia ter sido abandonado depois que o HMS Prince of Wales perfurou os tanques de combustível do Bismarck.

↑ O Prinz Eugen era de classe 'Hipper', um cruzador pesado com quase 20 mil toneladas e armado com canhões 8 x 20,3 cm. Depois de escapar para Brest, ele se juntou ao Scharnhorst e Gneisenau em sua celebrada arremetida pelo Canal e retornou à Alemanha.

↓ Norfolk e Suffolk eram ambos cruzadores da classe 'County': boas embarcações marinhas com mais de 14 mil toneladas e armadas com canhões 8 x 203 mm. Seus radares antiquados eram de valor limitado e sua tripulação conseguia avistar visualmente o Bismarck antes dos radares. Entrando e saindo das cortinas de neblina eles ficaram debaixo de fogo, mas escaparam de danos.

porém ultrapassado navio, cuja falta de proteção suficiente horizontal tornava imperativo o enfrentamento de um oponente poderoso a curta distância, onde as trajetórias retas dos disparos iriam bater em sua blindagem vertical mais espessa, feita para resistir a projéteis de maior calibre. Infelizmente, uma mudança de curso necessária durante a noite havia feito Holland perder a posição e foi se juntar à batalha a 22.850 m, com o Almirante Günther Lütjens no Bismarck. Para conseguir diminuir a distância, os navios ingleses seguiram um curso que os tornava incapazes de manter todo seu arsenal em posição; a situação desfavorável era comprometida pelas torres do novíssimo Prince of Wales que sofriam falhas contínuas e do próprio Hood, provavelmente atirando contra o Prinz Eugen, que possuía um perfil muito similar ao do Bismarck. Este, com a vantagem de ter canhões superiores, operando por radar, abriu fogo certeiro às 5h53. Àquela distância, seus disparos estavam mergulhando de um ângulo íngreme e o terceiro acertou o Hood depois de apenas sete minutos. O Hood explodiu de uma forma tão intensa, que apenas três homens sobreviveram. Agora sozinho (seus destróieres tinham sido isolados antes), o Prince of Wales combateu à distância de 16.450 m. Apesar de problemas com canhões, ele atingiu o Bismarck com dois bólidos de 356 mm antes de ser obrigado a desistir da ação com danos cada vez maiores. Lütjens estava perturbado o suficiente para sinalizar a intenção de abandonar sua missão e retornar para um porto francês. Por sorte dos ingleses, Norfolk e Suffolk permaneceram em contato e, quando Tovey se empenhou a diminuir os 480 km que separavam seus HMS King George V e HMS Victorious de Lütjens, o Almirantado se apressou em conseguir reforços. De Gibraltar partiu Force H, com o porta-aviões HMS Ark Royal, enquanto os encouraçados, incluindo o HMS Rodney de 406 mm, foram liberados de seus comboios.

ÚLTIMO TOQUE

Durante a noite de 24 para 25 de maio, o Victorious estava perto o suficiente para lançar uma pequena força de nove aviões equipados com torpedos. O único disparo certeiro que conseguiram não retardou o encouraçado, enquanto que este fez um movimento em falso bem sucedido para cobrir o distanciamento do Prinz Eugen. Estas manobras irregulares fez com que os cruzadores finalmente também perdessem o contato, resultando que às 3h06 de 25 de maio todos os contatos com o Bismarck estavam perdidos, com Tovey a apenas 160 km de distância. Depois de 30 horas de ansiosa procura, Lütjens foi redescoberto por um Consolidated Catalina do Esquadrão Nº 209. O Bismarck estava navegando para Brest, agora a apenas 1.125 km de distância, e Tovey, ainda a 160 km de distância

para o norte, precisava reduzir sua velocidade para ser capaz de forçar uma ação. Por sorte, a Force H estava bem localizada, e um avião da Ark Royal fez contato antes do meio-dia em 26 de maio; o cruzador HMS Sheffield foi enviado na frente para confirmar o avistamento. Voando em condições desfavoráveis, porém, a primeira bateria de 14 aviões torpedeiros da Ark Royal descobriu e atacou por engano o Sheffield. Entretanto ele sobreviveu e agiu como um ponto de orientação para uma segunda carga, por volta das 20h00. Como as condições de um ataque coordenado estava fora de questão, os aviões foram despejando seus torpedos conforme a oportunidade entre 20h47 e 21h25. Acertaram dois deles, um danificando seriamente seu leme. Quando caiu a noite, o Sheffield liderava cinco destróieres (sob comando do Capitão Sir Philip Vian no HMS Cossack), incluindo o polonês Piorun. Estes sondaram e atormentaram seu grande adversário através da noite, enquanto ele seguia o curso para um santuário. Quase miraculosamente, os destróieres sofreram poucos danos, enquanto conseguiram acertar dois ou possivelmente três mais torpedos. Com a aurora do dia 27 de maio, os esgotados canhoneiros do Bismarck podiam ver um destróier em cada quadrante, assim como o Nêmesis surgiu indistintamente na forma do King George V, de Tovey, em companhia de Rodney. Manobrando independentemente, abriram fogo às 8h48 num vendaval de disparos. Às 10h15, o Bismarck estava em silêncio, em chamas e foi executado por um torpedo do cruzador HMS Dorsetshire. É um ponto a discutir se um único atirador poderia ter causado sua destruição.

À CAÇA DO BISMARCK
CRONOLOGIA

A perseguição e destruição do encouraçado alemão Bismarck começou no Mar do Norte e terminou na costa da França. Sua destruição se tornou uma questão de urgência nacional, depois de o Bismarck destruir o encouraçado HMS Hood, com a perda de 1.413 vidas.

1941

2 DE ABRIL

O Grande-Almirante Raeder da Marinha Alemã ordena a Operação Rheinübung. O objetivo era que o Bismarck e outros navios alemães atacassem e afundassem os navios mercantes britânicos que navegavam pelo Atlântico, evitando batalhas contra navios de guerra, se possível.

20 DE MAIO

O Bismarck e o cruzador pesado Prinz Eugen deixam o porto e entram nas águas do mar.

21 DE MAIO

O Almirantado inglês é alertado sobre a ameaça dos navios de guerra alemães. Ao Almirante Sir John Tovey são dados reforços sob a forma do cruzador Repulse e o porta-aviões Victorious.

↑ O Bismarck dispara uma salva completa contra o condenado HMS Hood. Embora tivesse um bem reforçado casco, o Hood possuía uma blindagem fraca no seu convés. Os disparos foram capazes de atravessá-lo e atingir o depósito de munição.

22 DE MAIO

Os encouraçados Hood, Prince of Wales e King George V, acompanhados de sete destróieres e quatro cruzadores, partem de Scapa Flow à procura dos navios de guerra alemães.

23 DE MAIO, 19H22

O Bismarck é avistado pelo cruzador Suffolk. O Suffolk, mais seu navio-gêmeo Norfolk seguiram o navio alemão e informaram sua posição para o principal esquadrão inglês, sob o comando do Vice-Almirante L.E. Holland.

24 DE MAIO

5H52

Os navios ingleses começam a seguir o Bismarck e o Prinz Eugen.

6H00

O depósito de munição do Hood é atingido por um disparo do Bismarck. O navio é completamente destruído numa vasta explosão. Somente três homens sobrevivem da tripulação do navio composta de 1.324 homens mais 95 oficiais. O Prince of Wales é também gravemente atingido no combate, e se afasta, às 6h13.

18H01

O Bismarck foi danificado pelo Prince of Wales e está vazando combustível. O Almi-rante Lütjens, comandante do Bismarck, põe o navio em movimento em direção ao porto francês de St. Nazaire.

24 DE MAIO

O contato com o Bismarck é perdido pelo HMS Suffolk.

25 DE MAIO

Sob ordens do Almirante Lütjens, o Prinz Eugen se separa do Bismarck.

26 DE MAIO

A posição do Bismarck é localizada novamente por um hidroavião Catalina do Coastal Command, a cerca de 1.126 km de Brest. As unidades britânicas que

→ Uma representação dramatizada do ataque contra o Bismarck. Os antiquados Swordfish enfrentaram a barragem de canhões antiaéreos, 16 de 105 mm, 16 de 37 mm e 12 de 20 mm, do Bismarck

caçam o Bismarck recebem reforços – Ark Royal, Sheffield e Renown – que partem de Gibraltar.

14H50

Aviões torpedeiros Swordfish voando a partir do Ark Royal iniciam o primeiro de uma série de ataques contra o Bismarck.

20H47 A 21H25

O Bismarck é atingido por dois torpedos lançados pelo ar. O segundo acerta a popa, deixando o leme do Bismarck travado, numa posição fixa. Com o Bismarck agora navegando em círculos, desamparadamente, os navios Aliados se aproximam para acabar com ele.

27 DE MAIO
8H47

Depois de um tempo de pesado bombardeio de longo alcance dos navios Aliados, o Bismarck fica sob o fogo de curta distância dos canhões do Rodney e King George V. O Bismarck está devastado da proa à popa.

10H00

O Bismarck está em silêncio.

10H36

O Bismarck finalmente afunda. Somente 115 sobreviventes são recolhidos.

EVENTOS INTERNACIONAIS 1941

4 DE ABRIL

Hitler compromete a si mesmo afirmando que declarando guerra aos Estados Unidos, a América entraria em hostilidade com o Japão.

6 DE ABRIL

Operação Marita, a invasão alemã da Grécia e Iugoslávia, é lançada usando 24 divisões de soldados, 1.200 tanques e um forte apoio da Luftwaffe pelo ar.

↑ A 'Force H' zarpando de Gibraltar, destinada a se unir na caça ao Bismarck. No centro, pode ser visto o HMS Ark Royal, integrado à Royal Navy em 1938 e tendo um complemento de 38 aviões.

8 DE ABRIL

Mais de 30 mil civis são mortos num ataque aéreo alemão contra Belgrado.

27 DE ABRIL

Atenas cai diante das forças alemãs, enquanto os Aliados evacuam mais de 50 mil soldados da Grécia.

11 DE MAIO

Herbert Hoover, presidente anterior dos EUA, afirma que os EUA devem ficar fora do conflito europeu.

14 DE MAIO

França. Mais de mil judeus são presos pela polícia francesa e entregues aos alemães para deportação.

15 DE MAIO

Aliados no Norte da África lançam a Operação Brevity para tomar o Desfiladeiro de Halfaya das forças alemãs de Rommel.

20 DE MAIO

Marechal Göring se refere à 'Solução Final' em documentário, ordenando a proibição da imigração judaica.

20 DE MAIO

As forças aéreas alemãs começam a invasão de Creta, a maior operação de paraquedas da guerra, até então.

27 DE MAIO

Major General Freyberg, ordena a evacuação das tropas da ilha, uma vez que a ofensiva alemã avança através dela.

O EXÉRCITO PANZER DE GUDERIAN

O CAMINHO PARA SMOLENSK, 1941

O plano é audacioso: em apenas oito semanas o exército alemão irá abrir caminho através do Exército Vermelho e ditar a paz em Moscou.

→ Soldados alemães fazem rigorosa revista em prisioneiros russos. Aqueles cativos que fossem identificados como Comissários, seriam executados sumariamente.

'Quando a Barbarossa for lançada', declarou Hitler, 'o mundo inteiro vai segurar a respiração!', e realmente as forças concentradas ao longo das fronteiras soviéticas, desde o Ártico até o Mar Negro durante aquele princípio de verão de 1941 representavam a maior concentração de forças militares que o mundo havia visto até então. Três grupos do exército alemão compunham um comando de 80 divisões de infantaria, 18 divisões de tanques Panzer e 12 divisões motorizadas, enquanto na retaguarda aguardavam outras 21 divisões de infantaria, duas Panzer, uma motorizada; na reserva: cerca de 2 milhões de soldados, 3.200 tanques e 10 mil canhões. Já em posição em meados de junho havia depósitos suficientes para abastecê-los com combustível e munição, avançados até 565 a 645 km, e 500 mil cami-nhões aguardavam estacionados, da Prússia até a Romênia, para seguir adiante quando requisitados. Para uma mente prática, a única imagem questionável (embora inquietante) a emergir dos sumários de estatísticas entre os documentos de planejamento para a Operação Barba-Roxa era de 'estábulos': 300 mil cavalos iriam cumprir uma parte aparentemente essencial neste exercício militar monumental. A disposição dos grupos do exército (e as direções de seus postos avançados) foi ditada em grande escala por um fator geográfico inevitável, chamado Pripet Marshes, um virtualmente intransponível pântano de 160 km de norte a sul e 480 km de leste a oeste, que dividia a Belorússia da Ucrânia. Por causa dele, haveria pouco contato entre o Grupo do Exército do Sul, saído de Lublin em direção a Kiev e às regiões baixas do Rio Dniepr, e os dois grupos do norte. Estes, eram o Grupo de Exército do Centro, dirigido primeiro a Smolensk e então (pelo menos nas mentes dos líderes militares) para Moscou, e o Grupo do Exército do Norte saído do leste da Prússia, primeiro em direção ao Lago Peipus e então, para Leningrado.

VITÓRIA EM OITO SEMANAS

O maior peso de ataque cabia ao setor norte: 50 divisões de infantaria, 13 de Panzers e nove motorizadas entre ambos os grupos e, dos dois, o Grupo do Exército do Centro era o mais forte. Sob o comando do aristocrático e frio General-Marechal Fedor von Bock estavam dois exércitos de infantaria, o 9º e o 4º e duas formações de Panzers, Panzergruppe 3, comandado pelo Ge-neral Hermann Hoth, e Panzergruppe 2, comandado pelo General Heinz Guderian. Estas eram as forças cujos comandantes pretendiam reduzir o exército de Napoleão de 129 anos antes a uma obscuridade histórica, pois planejavam chegar a Moscou em menos de oito semanas e aniquilar o exército soviético no processo. Nesta esperança, eram encorajados por Hitler, que lhes assegurou: 'Temos apenas de chutar a porta da frente e todo o resto do edifício podre russo virá abaixo!" A primeira tarefa de Guderian era fazer seus Panzers atravessarem o Rio Bug de cada lado do forte de Brest-Litovsk, capturar o forte e então se precipitar em direção da cidade de Minsk, fazer uma curva ao sul e encontrar as pontas de lança de Hoth que estariam vindo do norte. Desse modo, as forças soviéticas ficariam isoladas de sua linha de frente, presas num grande caldeirão; uma vez que seus suprimentos acabassem, não teriam alternativas, senão a rendição.

OTIMISMO DE LÍDERES

Tudo isso foi planejado e realizado numa ação de cinco dias, de tirar o fôlego, o que parecia confirmar os pronunciamentos de Hitler e o otimismo dos líderes de Wehrmacht. Na tarde de 27 de junho, os primeiros tanques da 17ª Divisão Panzer seguiram para Minsk, para o encontro com as pontas de lança do Panzergruppe 3, de Hoth, que tinham percorrido 320 km em cinco dias e completado o primeiro estágio de sua missão. Porém, atrás deles haviam ficado grupos de soldados soviéticos que, ao contrário de forças inimigas similarmente cercadas um ano antes na França, mostraram pouca inclinação para depor suas armas e se renderem. Haviam quatro desses grupos: a fortaleza em Brest-Litovsk, seis divisões cerca de Bialystok, seis mais em Volkovysk, e outras 15 entre Novogrudok e da própria Minsk. A intenção de primeiro cercar e então destruir e capturar estava decidida nas mentes de Hoth e Guderian, para assim a infantaria alemã do 4º e 9º Exércitos marcharem fleumaticamente atrás das divisões Panzer.

ZHITOMIR: BATALHA DE CASA EM CASA

Um canhão de 10,5 cm dispara sobre soldados soviéticos isolados, que lutavam a 129 km de Kiev, a oeste. Como as divisões Panzer de Guderian e Hoth corriam ao norte da Pripet Marshes, um vasto número de soldados do Exército Vermelho foram deixados na Ucrânia, expostos ao cerco.

→ Armado com uma submetralhadora MP32/40, este soldado veste o uniforme básico do exército alemão de 1941. Em torno do capacete ele tem uma tira de borracha para colocar camuflagem. Uma vez que a previsão da vitória havia sido antecipada para antes do outono, nenhum uniforme de inverno foi preparado.

↑ Ju 87 Stukas sobre a USSR, em Julho de 1941. Assim como aconteceu na Polônia e na França, os bombardeiros Stuka provaram ser extremamente efetivos na União Soviética. Os caças soviéticos permitiam que os bombardeiros causassem estragos no Exército Vermelho, que não tinha como responder a tão bem coordenados ataques vindos de tanques e pelo ar.

Sem surpresas, surgiram discussões. Guderian e Hoth estavam convencidos que eles deviam imediatamente seguir adiante, primeiro para Smolensk e então para Moscou, confiantes que a velocidade provaria ser o fator decisivo naquela campanha. E num rompante de insubordinação, em 1º de julho, Guderian e Hoth mandaram as divisões de Panzers seguirem para o obstáculo seguinte, o Rio Beresina, e foram ameaçados com corte marcial por isso, pelo seu superior imediato, General Günther von Kluge. No mesmo dia, os Panzers de Guderian encontraram pela primeira vez um tanque soviético T-34, que bloqueou seu avanço por três horas e destruiu cinco tanques PzKpfw III e somente foi removido com um ataque pela retaguarda, com um canhão de 88 mm. Por sorte, nenhum outro T-34 foi encontrado na área e então, em 3 de julho, chegou a ordem para avançar para o próximo estágio. Daí, de sua ilícita cabeça-de-ponte sobre o Beresina, Guderian enviou sua 18ª Divisão Panzer seguir para o Rio Dniepr, o qual foi alcançado em 5 de julho. As três semanas seguintes foram ocupadas com a batalha mais dura já enfrentada pela Divisão Panzer 2, embora unidades avançadas da 29ª Divisão Motorizada alcançassem Smolensk em 16 de julho, intensa batalha continuava sendo travada atrás dela e não havia sinais ainda das pontas-de-lança da Divisão Panzer 3 de Hoth. Por dez dias a Divisão Panzer 2 teve três objetivos a perseguir: barrar as forças soviéticas evitadas desde a travessia do Dniepr, escapando do sul para o leste; fazer contato com a Divisão Panzer 3 abrindo caminho do norte para o oeste; manter a posição do lado leste de Smolensk (além de Roslavl e do Rio Desna em Elnya) numa sólida cabeça-de-ponte, até a arrancada em direção do principal objetivo alemão, Moscou. Mas em 29 de julho, Coronel Schmundt, ajudante-de-campo de Hitler, chegou ao quartel-general de Gu-derian, levando até ele as felicitações de Hitler e as Folhas de Carvalho para a Cruz de Cavaleiro (Guderian foi o quinto homem do exército a recebê-las) e também o primeiro sinal de mudanças nos planos e na ênfase. Moscou talvez não fosse tão importante, depois de tudo. Os campos de trigo da Ucrânia poderiam prover os grãos para alimentar os sempre crescentes exércitos do Eixo, e além disso, naquela direção ficavam os reservatórios de petróleo de Bakr. Moscou podia esperar. Guderian, por enquanto, não devia seguir mais para o leste.

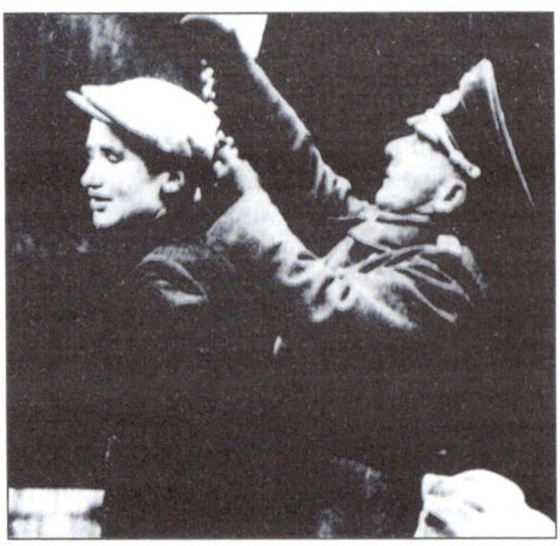

→ A guerra no leste foi caracterizada pelo barbarismo implacável, desde o início. Prisioneiros de guerra eram simplesmente uma fonte de trabalho escravo e civis suspeitos de atividades de guerrilha eram assassinados.

O EXÉRCITO PANZER DE GUDERIAN
CRONOLOGIA

Guderian, o homem que idealizou a Blitzkrieg (guerra-relâmpago), estava para testar com sucesso suas teorias na União Soviética seguindo a Operação Barbarossa. Sua Panzergruppe 2 avançou da fronteira russa até Smolensk – uma distância de 400 milhas (643 km) – em pouco mais de dois meses.

1941

22 DE JUNHO

As forças alemãs invadem a União Soviética na Operação Barba-Roxa. A Divisão Panzer 2 (Panzergruppe 2) de Guderian é parte do Grupo do Exército do Centro, uma força com a tarefa de chegar a Moscou seguindo a linha da estrada Minsk–Smolensk–Moscou. Enquanto o Panzergruppe 2 ataca diretamente ao longo da estrada, o Panzergruppe 3 do General Hoth segue pelo sul de Grodno, numa ação tenaz contra Gorodishche e Minsk.

29 DE JUNHO

Panzergruppe 2 e Panzergruppe 3 se encontram em Minsk. Grandes forças russas foram cercadas em Brest-Litovsk, Bialystok, Volkovysk, Gorodishche e agora na própria Minsk, a última com 15 divisões de soldados soviéticos.

1º DE JULHO

As forças de Guderian e Hoth atravessam o Rio Berezina a 80 km a oeste de Minsk e resumem seu avanço aos limites de Vitebsk e Smolensk.

3 DE JULHO

Ambos, Panzergruppe 2 e Panzergruppe 3, são absorvidos pelo 4º Exército Panzer, sob comando do General Günther von Kluge.

9 DE JULHO

Com toda a resistência soviética nos bolsões dos cercos, Minsk cai para os alemães. A Panzergruppe 3 do General Hoth ataca ao norte, nos arredores de Vitebsk, enquanto Guderian faz uma investida atrevida em Mogilev e Smolensk por conta própria. Em 10 de julho, Gu-derian atravessa o Rio Dniepr, a menos de 80 km de Smolensk.

13 DE JULHO

Os exércitos soviéticos 19º e 20º recuam para o bolsão de Smolensk, juntam-se ao 16º Exército em preparação pela defesa da cidade.

16 DE JULHO

Smolensk cai para a 29ª Divisão Motorizada de Guderian. Enquanto a Panzergruppe 3 de Hoth — que já havia

↓ Cinco cidadãos russos são enforcados perto da cidade de Velizh, na região de Smolensk. Estima-se que 20 a 25 milhões de cidadãos soviéticos tenham morrido na II Guerra Mundial.

capturado Vitebsk — ataca nos arredores de Yartsevo, as forças de Guderian lutam por conta de um contra-ataque de Marshal Timoshenko, comandante dos Exércitos 4º e 13º ao longo do Rio Sohz. O contra-ataque não é inteiramente neutralizado até 22 de julho.

17 A 25 DE JULHO

O poder das forças soviéticas em Smolensk–Vitebsk–Mogilev chega a 25 divisões. Guderian e Hoth cercam as tropas soviéticas ao leste da cidade e começam a apertar o cerco — uma má coordenada ação russa para rompê-lo, em 22 de julho, falha, e o cerco acaba se completando em 24 de julho.

19 DE JULHO

A ordem do OKW (alto comando do exército) ordena que depois da destruição das forças soviéticas em Smolensk, o Panzergruppe 2 e o 2º Exército devem se dirigir ao sul, para combater o 5º Exército russo em Kiev. Guderian não gosta da decisão, acreditando que o ataque a Moscou devia ter prioridade. Mais tarde, muitos arguiram que essa decisão de Hitler resultou na falha para capturar Moscou e deu início à derrota alemã.

5 DE AGOSTO

Toda resistência do bolsão de Smolensk está finalmente destruída. É uma derrota terrível para os soviéticos. Os Exércitos 16º e 20º deixam de existir, 300 mil soldados soviéticos são feitos prisioneiros. Entre a conquistas alemãs estão incluídos 3.200 tanques e 3.100 peças de artilharia. Estes totais acrescentaram-se aos ganhos de ou-tras prévias batalhas — 300 mil prisioneiros soviéticos, 2.500 tanques e quase 1.500 canhões.

EVENTOS INTERNACIONAIS

1941

27 DE JUNHO

Stalin e Churchill firmam um acordo que o Reino Unido e a União Soviética formarão uma aliança dedicada a se defender de Hitler.

1º DE JULHO

Nos USA, todos os cidadãos homens com mais de 21 anos são obrigados a se registrar para o serviço militar em caso de hostilidades declaradas.

↓ Soldados alemães em plena batalha na cidade. O tanque Panzerkampfwagen III médio, à direita, originalmente possuía um canhão de 50 mm (visto aqui). Entretanto, ele provou ser incapaz de penetrar a blindagem do T-34 soviético, então foi substituído pelo KwK 39 L/60 com um cano mais longo para aumentar a velocidade do disparo.

2 DE JULHO
O Japão começa um período de recrutamento em massa. Leva mais de um milhão de homens ao serviço militar, metade pelo menos destinada a reforçar operações na China.

6 DE JULHO
Mais de 2.500 judeus são mortos pela milícia da Lituânia, sob controle alemão. Judeus lituanos e outros cidadãos sofrem repetidas atrocidades das unidades da SS.

26 DE JULHO
Em resposta às operações japonesas na Indochina francesa, o Reino Unido e os USA congelam fundos japoneses no valor de £33 milhões. A medida teve um grande impacto nos produtos que o Japão importava; somente o petróleo teve uma redução de mais de 80 por cento.

← Um oficial alemão apita ordenando um ataque. Os chapéus de pele soviéticos e botas de feltro se tornaram as duas mais populares aquisições entre os soldados alemães durante os duros invernos orientais.

30 DE JULHO
O navio de guerra americano Tutuila é bombardeado pela aviação japonesa, embora as autoridades do Japão mais tarde tenham se desculpado.

A OFENSIVA DE INVERNO DE STALIN
UMA LIÇÃO CARA

Sem nunca ter visitado o front, Stalin decidiu lançar uma ofensiva em grande escala desde a Finlândia até o Mar Negro.

Em meados de dezembro, alguns dos efeitos da gigantesca mobilização soviética começaram a ser notados. O Exército Vermelho possuía agora mais de 4 milhões de homens engajados, embora nem sempre houvesse armas para todos e uma grande proporção dos soldados era totalmente destreinada: não importava – eles podiam ser treinados em batalha, pegar armas onde as encontrassem e, para usar uma das expressões de Churchill, 'sempre levar alguém com eles'. Eles tinham uma vantagem sobre o inimigo alemão: estavam bem agasalhados, pois cada cidadão soviético conhecia bem o inverno russo, que para os invasores chegou como um choque. Em 5 de dezembro, instruídos por Stalin, o Exército Vermelho saiu para a ofensiva tanto em Kalinin quanto nas fronteiras do oeste para empurrar o Grupo do Exército Alemão do Centro do caminho de Moscou. No dia seguinte, eles se juntaram pelo flanco com os exércitos do front a sudoeste – 15 exércitos juntos, mais uma corporação da cavalaria, e se o exército soviético naqueles dias pouco excedia ao alemão em contingente, esta primeira contra-ofensiva foi concebida em grande escala.

→ O setor Orel, março de 1942. Soldados alemães ajudam civis a saírem do um bunker durante a última fase da má arquitetada ofensiva de Stalin. Eles não sabiam, mas a rígida insistência de Stalin em atacar estava fazendo para o Exército Vermelho o que as ordens de 'não recuar' de Hitler havia feito com o exército alemão.

E por atacar forças que estavam na extremidade final da extensão das comunicações e das vias de suprimentos, e que também estavam esgotadas, esfarrapadas e congelando, os contra-ataques foram bem sucedidos, apesar da falta de artilharia para apoiá-las. Gradualmente, os exércitos alemães foram afastados dos arredores de Moscou, as tenazes de cada lado recuaram. E se os avanços do Exército Vermelho em distância foram minúsculos, comparados com aqueles do exército alemão no verão, isto não muda o fato de que o Exército Vermelho estava avançando e Wehrmacht recuando — com os inevitáveis efeitos em sua moral. Em 17 de dezembro, Stalin mandou ordenar que os exércitos do front em Leningrado seguissem para Volkhov e os fronts de noroeste fossem atrás. Eles seguiram a sudoeste contra o Grupo do Exército Alemão do Norte, tanto para testar o cerco contra a cidade de Pedro, o Grande, quanto para prevenir uma ligação das forças alemãs e finlandesas. Stalin também planejou instalar uma cunha entre os grupos de exércitos do norte e do centro, com uma manobra do 4º Exército de Choque, em Smolensk. Mais ao sul, os oficiais de Stalin também despacharam 20 mil homens em 14 transportes e uma força poderosa atravessou quase 160 km pelo Mar Negro, saindo de Novorossiisk para a Península Kerch, onde eles desembarcaram e se tornaram, conforme o General Erich von Manstein admitiu, uma séria ameaça ao seu 11º Exército estabelecido em Sevastapol. Então, em 5 de janeiro, numa convenção de urgência do STAVKA (alto comando soviético), Stalin anunciou uma grande ofensiva em todo o front ao longo do Báltico até o Mar Negro. Era certamente um plano grandioso. O golpe principal estava para ser dado diante de Moscou pelos exércitos do oeste, os fronts de Kalinin e Bryansk mais o setor esquerdo do front a noroeste, todos contra o Grupo do Exército do Centro. O Grupo do Exército do Norte seria derrotado pelo front de Leningrado, mais o setor direito do front de

SS POSTO DE AJUDA: INVERNO DE 1941

Confiante na vitória antes do inverno, o exército alemão possuía pouca roupa quente. Com botas forradas com palha e jornal e penando com cegueira e ulcerações provocadas pela neve, os soldados alemães sofreram bastante.

noroeste e a esquadra do Báltico; o Grupo do Exército do Sul deveria ser lançado fora de Donbass pelos fronts de sudoeste e sul, enquanto a Crimeia seria libertada pelo front de Caucasus e a esquadra do Mar Negro. O General Georgi Zhukov fez uma série de observações em relação a essas estratégias. Tanto ao norte quanto mais ao extremo sul da linha de ofensiva proposta, ele alegou que as forças alemãs teriam tempo de se refazer e montar defesas poderosas; no centro, entretanto, a pressão contra o Grupo do Exército do Centro não apenas empurraria os alemães para a retaguarda como provocaria neles um caos considerável em sua organização. Aqui, indubitavelmente, existiam grandes chances de o Exército Vermelho vencer, pois seria possível suprimi-lo com suficientes reforços e equipamentos — o que não era possível fazer em todo o resto do front; assim sendo, as ações laterais haveriam de ser abandonadas e tudo se concentraria no centro. Suas palavras, porém, encontraram ouvidos surdos. Stalin seguiu com seus planos.

PRESSIONANDO ATÉ PARAR

Zhukov estava, logicamente, correto. Por decreto ditatorial Stalin seria capaz de produzir outros três ou quatro exércitos da população da União Soviética, que era aparentemente sem fim, porém, decretos não produzem armas de qualidade ou condições para armar os soldados. Também, em poucos dias não seria possível treinar aqueles exércitos que precisavam usar as armas com destreza. Entretanto, atacando através de 1.600 km do front, eles conseguiram empurrar os alemães para trás, entre 80 a 320 km, parcialmente livrando as regiões de Kalinin, Moscou, Orel e Kursk, e abaixo de Carcóvia ocuparam uma grande área (conhecida mais tarde como Sa-liência Izyum) entre Balakeya e Slavyansk, que penetrou perto de 130 km para alcançar as cabeceiras do Rio Orel, no norte, e Lozovaya, no sul. Mas estes ganhos foram conseguidos quase tanto pela falta de entusiasmo das forças alemãs quanto pela pressão soviética, e tão logo as condições favoreceram uma obstinada defesa alemã, então a falta de experiência soviética e os escassos suprimentos provocaram a interrupção do avanço.

Às vezes, de acordo com Zhukov, seus principais motivos em participar das reuniões da STAVKA era literalmente para arrancar de Stalin 10 ou 16 rifles tipo antitanque a mais, uma centena de metralhadoras leves ou, mais vitais, munição para a artilharia. Às vezes, os canhões ficavam limitados a um ou dois disparos por dia — e isso quando o Exército Vermelho estava supostamente conduzindo uma vigorosa contra-ofensiva ao longo de 1.600 quilômetros de front! Alguns ganhos menores, porém terrivelmente custosos, foram conseguidos, mas em março, até mesmo Stalin teve de admitir que a ofensiva de inverno estivesse terminada. Até a indústria soviética poder produzir armamentos em vastas quantidades, o melhor que podiam esperar do Exército Vermelho era que lutasse com bravura e, fazendo assim, ganhasse experiência em todos os níveis. Foi uma lição caríssima.

↑ Os soviéticos haviam preparado a maior parte de seus tanques T-34/76 em função da contra-ofensiva feita no inverno. Eles tiveram seu maior impacto no contra-ataque desfechado a partir de Moscou, que fez os alemães se afastarem da capital. Rápidos, bem armados, os T-34 tinham um único ponto fraco, a falta de rádio.

↓ O apoio aéreo, que teve um papel importante no avanço alemão, foi tão afetado negativamente pelas condições do inverno quanto o resto do exército. Muitos aviões alemães, como os Junkers Ju 87B 2, foram deslocados para o oeste e para o Mediterrâneo, reduzindo a força aérea de 2.400 para 1.700 aviões.

A OFENSIVA DE INVERNO DE STALIN

CRONOLOGIA

Quando o inverno russo de 1941–42 chegou, as forças soviéticas lançaram um contra-ataque maciço contra o exército alemão que investia contra Moscou. Ele abalou os alemães por sua força e provavelmente salvou a União Soviética da derrota.

↑ Mulheres voluntárias em Moscou seguem para a linha de frente. Mulheres combatentes tendiam a ser usadas como franca-atiradoras, pilotos e dirigente de tanques.

1941

5 A 6 DE DEZEMBRO

Forças soviéticas lançaram um maciço contra-ataque contra o Grupo do Exército Alemão do Centro, concentrado em Moscou. O ataque se estendeu por mais de 805 km e incluiu mais de 19 exércitos individuais.
A principal intenção para as forças do front de Kalinin, front do oeste e front sudoeste é fazer uma manobra contra o Grupo do Exército do Centro do Marechal de campo von Bock, esperando cercar e destruir as forças alemãs entre Smolensk e a linha de frente de Moscou.

6 DE DEZEMBRO

O 31º Exército soviético avança 19 km nas li-nhas alemãs, partindo de Kalinin. Cerca de 17 divisões motorizadas alemãs são obrigadas a recuarem.

9 A 13 DE DEZEMBRO

Avanços soviéticos no front de Kalinin separam a Panzergruppe 2 de Guderian da proteção do 4º Exército de Kluge.

16 DE DEZEMBRO

Exausto pelas demandas de sua liderança, Marecha de campo von Bock pede para ser substituído do comando do Grupo do Exército do Centro.

17 DE DEZEMBRO

Marechal de campo von Kluge assume como comandante do Grupo do Exército do Centro.

1942

1º DE JANEIRO

Depois de três semanas de batalha, a ofensiva soviética realizou um significativo progresso. O front do sudoeste havia avançado quase 322 km, enquanto o front Kalinin havia retomado cidades como Vysokovsk, Staritsa e Klin. As forças soviéticas não haviam, entretanto, conseguido remover o 4º Exército dos arredores de Moscou.

← Um poster típico soviético, de propaganda. A propaganda foi, contudo, freqüentemente baseada em fatos do front oriental, onde 15 milhões de civis soviéticos perderam suas vidas.

17 DE JANEIRO

As forças soviéticas começam uma nova onda de ofensivas dos fronts de Kalinin e do oeste, com a intenção de finalmente completar o cerco do Grupo do Exército do Centro.

25 DE JANEIRO A 21 DE MARÇO

Por volta do final de janeiro, o ímpeto por trás da ofensiva soviética está esvaziando devido à fadiga e falta de homens e equipamentos. O 29º Exército de Choque chega na estrada Minsk-Moscou, mas é repelido pelo 9º Exército sob o comando do General Walther Model. Apesar das forças alemãs ficarem apertadas perto de Yartsevo, num corredor de menos de 32 km de largura, a estrada não é cortada. O Panzergruppe 3 perto de Smolensk e o 16º Exército do Grupo do Exército do Norte perto de Demyansk começam a abrir grandes lacunas nos avanços soviéticos.

30 DE ABRIL

As chuvas de primavera e a lama de março e abril restringem os movimentos da ofensiva através de todos os fronts. Em 30 de abril, as forças alemãs conseguiram estabilizar seu front formando um tipo de triângulo demarcado por Yartsevo, Vyazma e Olenino. Eles chegaram até a estrada para Moscou, mas perderam grandes áreas de território ao norte e ao sul daquela linha. Além disso, desde o começo da Operação Barba-Roxa, mais de um milhão de soldados alemães morreram em ação.

EVENTOS INTERNACIONAIS 1941

7 DE DEZEMBRO

A esquadra americana do Pacífico, parada em Pearl Harbor, Havaí, é atacada por cerca de 200 aviões japoneses voando em seis formações. Dezesseis navios americanos são afundados, incluindo seis navios de guerra. A ação leva os EUA para a II Guerra Mundial, enquanto o Japão inicia a invasão de vários territórios do Extremo Oriente.

8 DE DEZEMBRO

No norte da África finda o cerco alemão a Tobruk. As forças do General Erwin Rommel se retiram para Gazala, depois de sofrer as ofensivas Aliadas.

19 DE DEZEMBRO

Hitler torna-se comandante-em-chefe do exército alemão por sua própria indicação.

↓ Um destacamento soviético sobre esquis. Por serem soldados soviéticos, eles eram até especialmente bem armados, todos tinham uma submetralhadora PPSh-41, facilmente reconhecida pela capacidade de seu cartucho de repetição.

1942

9 DE JANEIRO

As forças do Japão prosseguem seu poderoso avanço através da Malásia, forçando os ingleses retornarem pelo Rio Slim e avançar por Cingapura.

12 DE JANEIRO

A capital da Malásia, Kuala Lumpur, é capturada pelos japoneses.

9 A 15 DE FEVEREIRO

As forças japonesas atravessam o estreito de Johore para invadir Cingapura. Depois de apenas seis dias de batalha, as forças inglesas na ilha se rendem e 130 mil soldados do exército inglês e da Comunidade Britânica ficam cativos. É a pior derrota da história militar britânica.

28 DE MARÇO

O porto de St. Nazare, da França, ocupada pelos alemães, é destruído por um comando inglês. O ataque envolveu o destróieres HMS Campbeltown que levou uma enorme bomba flutuante e a detonou na entrada das docas.

18 DE ABRIL

Dezesseis aviões de guerra americanos voando do porta-aviões USS Hornet bombardeiam Tóquio. O ataque provocou mais danos psicológicos do que reais.

MORTE NO NEVA
O BLOQUEIO DE LENINGRADO

1º de setembro de 1941: Grupo do Exército Alemão do Norte começa a bombardear a cidade de Leningrado, dando início ao pior sítio de toda guerra.

→ A bordo de um Sturmgeschutz, um veículo de ataque alemão, feito para combater no inverno, com esteiras grandes adicionais. Embora tenham tentado, os alemães não conseguiram parar o escasso abastecimento que chegava à cidade durante 1942, e os ataques nos limites dela passou a ter um custo cada vez mais alto.

Leningrado era um dos primeiros objetivos na abertura de fase da Operação Barba-Roxa, em junho de 1941. A invasão alemã da USSR foi planejada para tomar posse de três principais eixos, aquele mais ao norte ficou sob a responsabilidade do Grupo do Exército do Norte, sob o comando do General Wilhelm Ritter von Leeb e, paradoxalmente, o sucesso da fase de abertura da campanha seria o que custaria a guerra à Alemanha, pois em cinco dias o Grupo do Exército do Norte havia coberto metade da distância até Leningrado. Porém, naquele ponto, uma série de grandes batalhas no front central começou a desviar o ímpeto que existia no norte. As reduzidas forças do Grupo do Exército continuaram

↑ Em 1942, um engenheiro de Leningrado, A. I. Sudarev, produziu uma submetralhadora simples, feita principalmente de folha de metal estampada. Denonimada PPS 42, se tornou uma das principais armas da população e da guarnição. Depois que o bloqueio terminou, foi melhorada e entrou em produção em larga escala, com o nome PPS-43 (foto), para se tornar a arma comum do Exército Vermelho, até o final da guerrarota perigosa.

a se mover na direção do 'Berço da Revolução', porém em velocidade reduzida, de tal maneira que somente em setembro os arredores da cidade começaram a ser vistos. Àquele tempo, a defesa já havia percebido o perigo e a população foi posta para trabalhar construindo cercas e valas antitanques em volta da cidade. Os próprios alemães ajudaram nesta defesa por constantemente desviar suas tropas de seu objetivos de se aproximar de Moscou, mas eventualmente um plano operacional definitivo para tomar a cidade foi feito. Os finlandeses, aliados relutantes dos alemães, foram coagidos a se juntar na campanha mas eles fizeram pouco mais do que atravessar o Rio Svir e se estabelecer em volta do Lago Ladoga.

O LONGO BLOQUEIO

Quando os alemães estavam prontos, mais de um milhão de civis de Leningrado estavam a postos no perímetro da cidade, prontos para a defesa. Quando o ataque alemão começou, foi quase imediatamente rechaçado por inúmeros pontos de defesa, obstáculos antitanques e valas. A Luftwaffe seguiu com constantes bombardeios, mas as forças alemães foram mantidas. Durante todo ataque, o comandante alemão local, General Hermann Hoth, ficou restrito pelo fato de a maioria de suas forças terem sido requisitadas para tomar parte em operações no sul, contra Moscou, embora ele tenha usado estas forças ao mesmo tempo em que elas estavam sendo solicitadas para seguir para o sul.

A LIGAÇÃO: A LINHA SALVA-VIDAS DE LENINGRADO

Ao se prenderem tenazmente às margens sul do Lago Ladoga, os soviéticos mantiveram uma linha de abastecimento aberta para Leningrado. No inverno, o lago congela e fica sólido o suficiente para a passagem de caminhões e até de uma leve linha de trem. Entretanto, sob bombardeio da artilharia e pelo ar, a estrada de inverno sobre o lago era uma rota perigosa.

← Aviões alemães e finlandeses bombardearam Leningrado repetidas vezes, mas falharam em destruir permanentemente as fábricas de armas e tanques que existiam na cidade. Uma vez que os suprimentos podiam ser trazidos através do Lago Ladoga no inverno, as defesas antiaéreas ganharam um novo alento.

↑ Perto do final do bloqueio, Leningrado havia voltado a ser novamente uma grande produtora de armamentos soviéticos. Em 1942, os tanques produzidos nesta fábrica, saíam de seus portões e entravam diretamente em ação.

Por isso, Leningrado fez sua maior contribuição por exigir forças que poderiam ter feito toda diferença na batalha de Moscou. O ataque contra os perímetros de Leningrado arrefeceram na metade de setembro e ali começou o bloqueio que durou até o fim da primavera de 1943. O bloqueio foi frouxo, uma vez que as forças alemãs envolvidas não conseguiam obter o total controle das fronteiras da cidade e o Lago Ladoga ficava usualmente aberto. Os finlandeses pouco fizeram para dar assistência aos alemães, mas uma cidade do tamanho de Leningrado requer uma grande quantidade de alimentos e outros suprimentos para continuar existindo e estes passavam pela linhas alemãs. A população civil de Leningrado sofreu terrivelmente. Através dos invernos de 1941/2 e 1942/3, milhares morreram de frio e fome, a ponto dos corpos ficarem nas ruas por dias, porque ninguém tinha forças ou tempo para sepultá-los.

RACIONAMENTO

Os soldados da linha de frente recebiam a maior parte de alimentos e suprimentos que havia, porém havia muito pouco e o alimento somente podia ser obtido em pequenas incursões, através das mal vigiadas linhas alemãs. Armas e munição eram uma constante dor de cabeça para os comandantes soviéticos, que tinham permissão para conduzir sua própria defesa, e eles usavam escassas linhas de abastecimento, que vinham através da superfície gelada do Lago Ladoga durante os invernos, somente para suprir munição e ou-tros materiais do mesmo tipo. Leningrado podia abastecer

← Muitos homens da Esquadra do Báltico serviram como soldados durante o cerco de Leningrado e as armas dos navios foram empregadas na defesa da cidade. Vestindo a distinta camiseta de listras por baixo de sua jaqueta acolchoada de combate, este marinheiro carrega uma submetralhadora PPSh-41.

seu próprio material de defesa, pois era um dos maiores centros industriais da USSR. A fábrica de tanques KV, dentro da cidade, continuava a produzir tanques apesar do bloqueio. Assim que ficavam prontos eles iam direto para a batalha, enquanto o maquinário de outras fábricas era usado para produzir armas pequenas e peças sobressalentes, entre elas a notável 7.62 mm PPS-42 que foi feita levando em consideração as ferramentas que existiam para produzi-la do que quaisquer ou-tros refinamentos.

RECUO ALEMÃO

Apesar do constante bombardeio da artilharia alemã, e dos constantes ataques em pequena escala, Leningrado resistiu. Por volta do início de 1943, o pior tinha passado: os alemães perde-ram a vital iniciativa estratégica e se retiraram para o oeste, deixando os limites de Leningrado abertos. Os conflitos tomaram lugar pela linha costeira à oeste da cidade, mas foram debelados e o pior bloqueio da guerra estava terminado. Leningrado havia vencido completamente, embora a um custo assustador.

MORTE NO NEVA
CRONOLOGIA

O bloqueio de Leningrado pelo Grupo do Exército do Norte de Hitler custou à cidade mais de um milhão de mortos, durante os 900 dias que ela permaneceu sitiada.

1941

22 DE JUNHO

As forças alemãs invadem a União Soviética na Operação Barba-Roxa. O Grupo do Exército do Norte chega através da Lituânia, Látvia e Estônia antes de atravessar a fronteira russa em direção a Leningrado.

1º DE SETEMBRO

As unidades alemãs se aproximam de Leningrado e começam as primeiras ações de arti-lharia, com o bombardeio da cidade.

15 DE SETEMBRO

Shlüsselburg, um ponto fortificado a sudoeste de Leningrado, cai para os alemães que agora controlam o

↑ Cidadãos de Leningrado no trabalho, construindo defesas. Stalin havia ordenado que cidadãos e indústrias não deveriam deixar Leningrado, pois isso podia ser visto como um ato de derrotismo e poderia, Stalin pensava, encorajar a rendição.

↑ Um policial observa vítimas de uma pesada barragem da artilharia alemã em Leningrado, no outono de 1941. Em 1942, a fome seria a principal causa de mortes.

perímetro sul da cidade, isolando-a do resto da União Soviética. O istmo de Karelian, ao norte da cidade, é ocupada pela Finlândia. Leningrado está, agora, efetivamente sitiada.

9 DE NOVEMBRO

Os alemães tomam Tikhvin, ao leste de Shlüsselburg, um posto que abastecia Leningrado usando botes que saíam de Lednevo e atravessavam o Lago Lagoda.

OUTUBRO A DEZEMBRO

A fome começa a atingir a população de Leningrado quando as primeiras rações acabam.

10 DE DEZEMBRO

Forças soviéticas retomam Tikhvin. Uma rota de abastecimento através do Lago Lagoda é restabelecida, mas é extremamente precária. O tráfego de barcos sofre constantes ataques aéreos alemães e somente durante o mais rígido inverno é possível existir tráfego através do lago, quando ele fica inteiramente congelado.

1942

JANEIRO A JULHO

850 mil cidadãos de Leningrado são evacuados da cidade usando o Lagoda como passagem.

17 DE JANEIRO

Forças soviéticas do front Volkhov desferem uma grande ofensiva contra as linhas alemãs, entre Leningrado e Lago Ilmen, no sul, perto de Novgorod.

MARÇO

A ofensiva soviética é finalmente esmagada pelos contra-ataques alemães, e todo o 2º Exército de Choque é perdido perto de Novgorod.

JULHO

Hitler dá duas diretrizes ao Grupo do Exército do Norte instruindo as operações contra Leningrado. A primeira ordena o completo isolamento de Leningrado, incluindo o corte da linha de abastecimento do Lagoda. A segunda diz que Leningrado deve ser inteiramente destruída usando a artilharia e o poder aéreo e que todo o setor norte da URSS seja ocupado.

19 DE AGOSTO A 20 DE SETEMBRO

Uma ofensiva soviética tem como objetivo atravessar as linhas alemãs entre Shlüsselburg e Tosno, seguir para Orienbau, no Golfo da Finlândia, e se juntar às forças russas que estão lá. Depois de uma campanha dura, o Exército Vermelho não faz progresso e é forçado a desistir da ofensiva.

25 DE SETEMBRO

Hitler cancela as operações para ganhar maiores territórios nas cercanias de Leningrado, quando o inverno se aproxima.

OUTUBRO

O front soviético de Leningrado começa a receber reforços substanciais e novos suprimentos de equipamentos, capacitando-o a construir sua força defensiva.

1943

12 DE JANEIRO

Os soviéticos lançam a Operação Spark, a maciça ofensiva de dupla frente através de todo o front de Volkhov e Leningrado. A ofensiva logra abrir um estreito corredor em terra, ao sul de Leningrado, retomando Shlüsselburg no dia 19. Suprimentos transportados por terra voltam a chegar a Leningrado, embora as quantidades de alimento mal alcancem o nível de subsistência da população. Em seguida à ofensiva, as linhas permanecem quase estáticas por mais de um ano.

1944

14 DE JANEIRO

O Grupo do Exército do Norte - severamente enfraquecido por anos de combate e constantes redução de forças através de deslocamentos - é assolado por uma ofensiva soviética envolvendo os fronts de Volkhov e Leningrado, mais o 2º front do Báltico. Durante a ofensiva violenta de duas semanas, as forças alemãs em Leningrado são expulsas da cidade.

27 DE JANEIRO

A estrada de ferro Leningrado-Moscou é reaberta e Stalin declara que o bloqueio de Leningrado acabou.

EVENTOS NTERNACIONAIS

1941

3 DE SETEMBRO

O serviço de segurança nazista começa a experimentar o uso do gás Zyklon-B como um meio de extermínio em escala industrial de judeus e outras pessoas indesejáveis.

20 DE OUTUBRO

Operação Tufão - uma tentativa alemã de conquistar Moscou - é cancelada devido ao tempo de inverno severo e de uma resistência soviética muito determinada. A falha da Tufão, possivelmente, salvou a União Soviética de sair derrotada da guerra.

7 DE DEZEMBRO

A esquadra US Pacific em Pearl Harbor é quase destruída pelo 1º Esquadrão Aéreo do Japão, num ataque surpresa. A guerra entre EUA e Japão é consequentemente declarada.

1942

20 DE JANEIRO

Um encontro entre os mais graduados oficiais nazistas, liderado por Reinhard Heydrich, comandante do Primeiro Gabinete de Segurança do Reich, leva à adoção oficial da 'Solução Final', a completa e sistemática aniquilação do judaísmo europeu.

4 A 8 DE MAIO

A Batalha do Mar Coral. As esquadras japonesas e americanas entram em conflito na primeira guerra de porta-aviões. Embora os EUA tenham perdido o porta-aviões Lexington, os japoneses perderam dois porta-aviões e mais um grande volume de aviões que não poderiam repor tão facilmente quanto os EUA.

2 DE NOVEMBRO

O Marechal de campo Erwin Rommel ordena a retirada de suas tropas de El Alamein sob o peso de uma tremenda ofensiva Aliada comandada pelo General Bernard Montgomery.

↑ Leningrado era cidade de algumas das melhores casas musicais da Rússia. Aqui, um quarteto de cordas da Kirov Opera House distrai soldados russos. O compositor Shostakovich foi um famoso sobrevivente de Leningrado.

A BATALHA DE SEVASTOPOL
A CONQUISTA DA CRIMEIA

As forças soviéticas, na Crimeia Oriental, encontravam-se esmagadas, em maio de 1942. Somente o forte de Sevastopol continuava em pé, diante dos invasores.

↓ O trem do cerco de von Manstein incluiu o maior canhão já construído: o 'schwere Gustav', de 80 cm, capaz de disparar projéteis de 7 toneladas ou bólidos altamente explosivos de 5 toneladas. As fortificações de concreto de Sevastopol foram pulverizadas.

A tentativa soviética de reforçar Sevastopol, desembarcando uma força de 20 mil homens na Península Kerch, durante dezembro de 1941, havia resultado na formação de cabeças-de-ponte em volta da cidade de Kerch e do porto de Feodosia. Ali, se seguiu a construção de um forte e por volta de abril, cinco brigadas do Exército Vermelho haviam sido formadas, consistindo de quase 250 mil homens, ajudados pelo apoio da artilharia e de 200 tanques. Era uma força considerável, mas iria ser municiada precariamente, além de se empenhar na guerra nas mesmas condições. O peso absoluto de homens e armas alemães forçaram as divisões de rifle soviéticas em Feodosia a recuarem, então, os alemães seguiram para a península, chegando a Kerch.

Pelo ar, os alemães eram protegidos por aviões Messerschmitt Bf 109, e o caminho a percorrer já havia sido aberto, previamente, por bombardeios. A tarefa do General Erich von Manstein foi aparentemente facilitada pela ineficiência do comando soviético e as constantes queixas e discussões do representante da Stavka (Comando das Forças Armadas), L. Z. Mekhlis. Desnecessário dizer que esses comandantes estavam entre os 86 mil homens, incluindo 23 mil feridos, que foram evacuados entre 15 e 20 de maio, através do Estreito de Kerch para Taman e Cabo Chushka — deixando para trás perto de 100 mil homens e todos os tanques remanescentes.

Manstein podia agora concentrar a atenção de sua enorme artilharia pesada e do fogo aéreo sob seu comando para o porto de Sevastopol. Para defender Sevastopol, o Exército Soviético Costeiro tinha cerca de 106 mil soldados, marinheiros e fuzileiros navais, 600 canhões, incluindo aqueles das pesadas baterias costeiras, cerca de 100 morteiros, 38 tanques e, nos ares, em seu perímetro, 55 aviões. Manstein agora dirigia contra eles 204 mil homens do 11º Exército, 670 canhões, incluindo aqueles de enorme calibre que ele mandara montar sobre trilhos, 450 morteiros, 720 tanques (que se tornariam uma desvantagem em tão limitado espaço) e 600 aviões.

O cerco começou com fogo de cinco dias, disparado de cada peça de artilharia que os peritos de Manstein conseguis-

O 'SCHWERE GUSTAV': O ANIQUILADOR DO FORTE

O preparo do 'Gustav' para começar a disparar em Sevastopol ocupou 2 mil homens, por seis semanas. O leviatã disparava somente 48 vezes seguidas, mas todas com efeito cataclísmico. Nove disparos foram feitos na Baía de Severnaya, através da água, a 30,5 m do nível do mar contra um supostamente invulnerável paiol soviético.

sem pôr em ação, trazendo lembranças a alguns dos mais ve-lhos membros do 11º Exército, de Verdun e St. Quentin, de 25 anos antes. O tremor de terra causado pelos morteiros, não somente quando suas bombas caíam, mas também quando eram lançadas, teria registrado o mais alto nível na Escala Richter — e o bombardeio foi aumentado pelas bombas atiradas pela Luftwaffe, voando em apoio ao 11º Exército, vinda de bases tão longínquas quanto Perekop e mesmo Odessa. Até a metade de junho, houve a luta mais desesperada, com os soviéticos defendendo suas trincheiras e covas no chão, com grande tenacidade.

Na terceira semana de junho, Manstein estava suficientemente preocupado com a aparente falta de progresso da 46ª Divisão nas cercanias de Sevastopol, e pediu por mais reforços do 17º Exército, em Donbass. Mas, evidentemente, a experiência somada a canhões, morteiros e sua munição venceram a batalha, embora o Exército Vermelho e a Marinha Vermelha tenham realizado milagres para defender Sevastopol. Destróieres, minas, barcos torpedeiros e mesmo submarinos foram usados, até barqueiros foram empregados para levar armas e munições ao porto sitiado, numa ocasião em que os oficiais do navio foram avisados de que não havia chance de alcançarem a costa; eles tentavam chegar o mais próximo possível antes que fossem afundados, para que, com sorte, pelo menos parte da carga de armas e estoques chegasse a seu destino.

NUVEM DE FUMAÇA

Durante todo o tempo, os grandes morteiros e os canhões sobre trilhos de Manstein despejaram seus bólidos e bombas sobre o forte. Em 5 de junho, o grande canhão de 80 cm, o 'schwere Gustav', começou a disparar seus bólidos de 7 toneladas contra o forte, de uma distância de 30 km e sistematicamente destruiu as principais fortificações e a poderosa Bateria 'Maxim Gorky', nas três semanas seguintes. Gradualmente, a falta de munição, a artilharia esmagada, a completa falta de apoio pelo ar depois de 28 de junho começaram a fazer efeito, e a infantaria alemã atacou na direção do porto, outra vez.

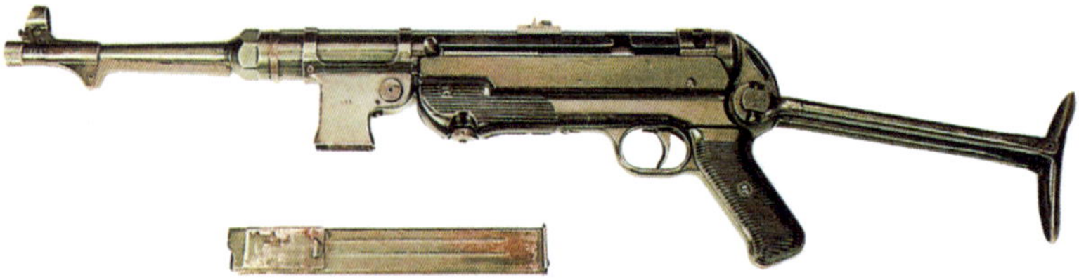

→ Freqüentemente descrita erroneamente como uma 'Schmeisser', a submetralhadora alemã MP38 e suas derivadas eram desenhadas e produzidas pela ERMA. Uma robusta e confiável arma, a MP38 disparava munição Parabellum de 9 mm, de um carregador de 32 munições, com uma cadência de tiro de 500 por minuto.

Na noite de 28 para 29 de junho os alemães conseguiram afinal atravessar o norte da baía sob uma nuvem de fumaça, e na manhã seguinte, outras formações se dirigiram de Fedyukhin Heights, através de Sapun Gora; na manhã de 30 de junho, as tropas alemãs estavam lutando dentro da cidade de Sevastopol, ocupando os prédios arruinados, que eles mesmos destruíram. Durante os três dias seguintes, uma evacuação ao estilo de Dunkirk foi organizada, com cada barco que pudesse navegar vindo de Novorossiisk e de portos vi-zinhos no Mar Negro; alguns até desafiaram os perigos do Estreito de Kerch, vindos de portos de Azov.

Não são sabidos quantos homens e mulheres engajados e quantos civis morreram no cerco de Sebastopol; mas se passaram 250 dias desde a hora em que foram cercados pelas tropas alemãs que se dirigiam para Crimeia. E nos últimos 24 dias, estiveram em combate corpo-a-corpo e sob um bombardeio devastador. A batalha de forma alguma acabou sem um custo alto para o 11º Exército, e o General e Marechal de campo von Manstein — que premiou seu comando com a ocupação de Sebastopol e de toda Crimeia — descobriu em julho que ele estava comandando um exército se não esvaído, pelo menos dizimado.

Ele não estava à disposição para o próximo estágio dos planos do Führer, que havia deixado o Sexto Exército ao norte sob o comando de seu ambicioso General Friedrich Paulus. Manstein sabia exatamente onde sua fama e, assim pensava, sorte seriam feitas, e seus olhos estavam fixados firmemente lá: em Stalingrado.

↓ Três marinheiros do Mar Negro posam para a foto. O corpo naval lutou duramente em defesa de sua base e quando o fim se aproximou, algumas guarnições de baterias foram explodidas em pedaços por eles próprios, para não se renderem.

A BATALHA DE SEVASTOPOL
CRONOLOGIA

Sevastopol demonstrou que o cerco, como estratégia de guerra, continuava a fazer parte da Blitzkrieg. A cidade costeira foi atingida por algumas das peças de artilharia mais pesadas já criadas, mas a resistência à ocupação alemã durou mais de seis meses.

← Um pesado morteiro alemão é disparado contra as forças soviéticas, aterrisando perto de Feodosia, na Criméia, em Fevereiro de 1942. O canhão é um Mörser 18 de 21 cm, capaz de disparar um bólido HE de 121 kg a 16.700 m de distância.

1941

25 DE SETEMBRO
A Crimeia fica isolada pelos avanços do Grupo de Exército do Sul alemão pelo sul da Rússia.

26 DE SETEMBRO A 16 DE NOVEMBRO
O 11º Exército alemão, sob o comando do Tenente-General von Manstein, ocupa quase toda a Crimeia, com exceção de Sebastopol e da Península Kerch. Durante esse período, entretanto, o Major General I.Y. Petrov e 32 mil soldados do Exército Independente da Marinha ocuparam a fortaleza em Sevastopol e construíram um círculo defensivo poderoso em torno da cidade.

17 DE DEZEMBRO
Manstein lança um ataque maior contra Sebastopol, com seu 11º Exército.

26 DE DEZEMBRO
Enquanto as tropas de Manstein tentavam furar o bloqueio defensivo em Sebastopol, os soviéticos faziam um desembarque substancial de tropas anfíbias perto de Kerch. Outros desembarques, no dia 28, levaram as forças soviéticas a garantir a Península Kerch e Manstein a desistir do ataque a Sevastopol.

1942

JANEIRO
Com a Península Kerch segura, os militares soviéticos criaram o 'front'

da Crimeia, sob o comando do Major General D.T. Kozlov, com uma força de três exércitos.

ABRIL A MAIO

As forças de Manstein, previamente sem recursos, começaram a se fortalecer no preparo para a tentativa de conquistar a Península Kerch, na manobra conhecida como Operação Bustard. Chegaram para as forças alemãs, 33 grandes peças de artilharia, que seriam usadas para esmagar as defesas russas e a resistência em Sevastopol.

8 DE MAIO

Começa a ofensiva de Manstein com a utilização de pequenas unidades anfíbias que atacam através do Mar Negro para perturbar a defesa de Kerch. Em 15 de maio, a Península Kerch já está em mãos alemãs e 170 mil soldados soviéticos são feitos prisioneiros. Sebastopol está isolada, embora desde janeiro a defesa da cidade tenha sido bastante reforçada e conta com mais de 186 mil soldados russos. Manstein faz planos para a Operação Esturjão, a conquista de Sebastopol.

↓Três jovens soldados granadeiros, da divisão Panzer. O soldado à frente está condecorado com a Cruz de Ferro e a Cruz do Cavaleiro, que se tornaram muito comuns quando os alemães lutavam pela sobrevivência no Front Oriental.

2 DE JUNHO

Começa o pesado bombardeio de Sebastol que durou cinco dias e utilizou mais de 600 peças de artilharia.

6 DE JUNHO

A Luftwaffe junta-se no bombardeio de Sebastopol.

7 A 11 DE JUNHO

Às 2h30 da manhã de 7 de junho, quatro divisões do 11° Exército começam seu ataque contra Sebastopol, vindas do norte, enquanto que às 11h00 ocorre um ataque de maiores proporções da Corporação Montanhesa Ro-mena e do 30° Exército. Ambos são contidos pela vigorosa defesa soviética.

17 A 28 DE JUNHO

Manstein renova o ataque contra Sebastopol. Postos de observação da artilharia soviética e posições fortificadas nas montanhas caem para as unidades romenas e alemãs e as forças do Eixo penetram os arredores da cidade. No dia 18, somente uma das doze fortificações originais permanece intacta e operando.

←Tropas alemãs estendem uma bandeira nazista. Bandeiras não eram usadas apenas como emblemas nacionais em cerimônias. Esticadas no chão, elas identificavam as posições ocupadas, para prevenir ataques aéreos de sua própria força aérea.Front Oriental.

← Uma equipe alemã, com canhão antitanque, em Sevastopol. À medida que a guerra progrediu, as forças alemãs passaram a capturar canhões soviéticos, mas isso resultou num terrível problema para conseguir munição correta para todas as unidades.

30 DE JUNHO

O Vice-Almirante F.S. Oktyabrsky, o comandante-em-chefe da esquadra do Mar Negro, começa a evacuação da guarnição em Sebastopol, por terra e pelo ar.

1º E 2 DE JULHO

As tropas alemãs começam o ataque final em Sebastopol, capturando os campos de pouso da cidade, invadindo o centro urbano e empurrando as forças soviéticas remanescentes para a costa. A evacuação das forças russas termina no dia 2.

4 DE JULHO

Finalmente, Sebastopol cai. Os alemães fazem prisioneiros 90 mil soldados soviéticos.

EVENTOS INTERNACIONAIS 1942

4 A 7 DE JUNHO

As forças navais dos EUA em Midway infligem uma grande derrota à Marinha do Japão na Batalha de Midway. Quatro porta-aviões japoneses afundaram: uma perda da qual os japoneses nunca se recobraram.

10 DE JUNHO

Em seguida ao assassinato de Reinhardt Heydrich, representante do Reich, protetor de Boêmia e Morávia e líder do Gabinete Principal de Segurança do Reich, por partisans tchecos, o vilarejo de Lidice, na Tchecolosváquia é aniquilado, em represália. Mais de 170 homens e rapazes são fuzilados e 296 mulheres e crianças são deportadas para campos de concentração. O próprio vilarejo desaparece, incendiado.

21 DE JUNHO

A Afrika Korps, do Marechal de campo Rommel, conquista o disputado porto de Tobruk, na Líbia, fazendo prisioneiros 35 mil soldados Aliados.

25 DE JUNHO

O Major General Dwight David Eisenhower é eleito comandante-em-chefe das forças americanas na Europa.

2 DE JULHO

O Primeiro-Ministro britânico Winston Churchill facilmente supera o veto de censura lançado contra ele na Câmara dos Comuns, focada em sua conduta na guerra. Os votos somam 476 contra o veto, 25 a favor, e 30 abstenções.

GAZALA E TOBRUK
A RAPOSA DO DESERTO EM AÇÃO

Em 26 de maio de 1942, Rommel estava no comando do Afrika Korps que havia derrotado o 8º Exército e estava de volta ao Egito. Entretanto, no final daquele período, a situação começou a mudar e o resultado seria decidido em El Alamein.

→ Um soldado do Commonwealth que escapou de Tobruk conversa com um oficial inglês. Muitas unidades da guarnição de Tobruk foram bem sucedidas em batalha, mas não havia uma liderança para coordenar a defesa. O 8º Exército não fez qualquer tentativa efetiva para interromper o ataque de Rommel.

Erwin Rommel tinha feito seu nome primeiro numa ousada incursão no front italiano em outubro de 1917, e a mesma audácia que o capacitou a atacar indo além de posições estabelecidas inimigas, marcou suas ações e o tornou um oficial de divisão Panzer. Sua participação na Queda da França, em 1940, foi outra vez caracterizada por um grande ataque Panzer na retaguarda francesa em Avesnes e a subsequente arremetida contra o canal costeiro. Em 1941, ele estava no norte da África liderando uma série de manobras blindadas que constantemente derrotavam as forças inglesas e da Commonwealth (Comunidade de Ex-Colônias) numericamente superiores, que eram incapazes de se adaptar às táticas de guerra com tanques, como as adotadas por Rommel.

NOVAS 'REGRAS'

Em maio de 1942, Rommel havia rapidamente aprendido que a guerra de blindados no deserto exigia a adoção de uma nova série de 'regras'. Nos grandes espaços dos desertos despovoados, mobilidade e poder de fogo ganharam novos significados. No deserto, sempre

TOBRUK: UMA VIA NA AREIA

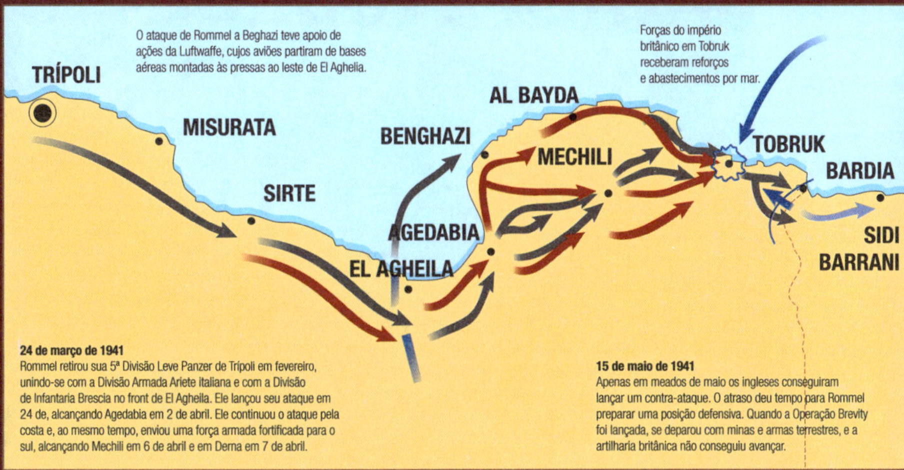

ficava um flanco para ser coberto, e o posicionamento no campo de guerra foi se tornando cada vez mais sem sentido, uma vez que forças móveis podiam surgir de qualquer ponto da extensão.

INICIATIVA DE GUERRA

Em maio de 1942, Rommel estava pronto para começar o que se tornou um dos exemplos clássicos dessa particular condução no jogo da guerra. Naquele mês, ele possuía um total de 561 tanques (333 alemães e 228 italianos) prontos para enfrentar um número maior de tanques britânicos que chegavam a mais de 900 e inúmeras novas armas antitanques. Porém, Rommel possuía várias vantagens. Uma delas é que a divisão de tanques inimiga estava fragmentada em pequenos grupos, e havia a Luftwaffe em superioridade numérica que iria servir Rommel muito bem nos dias vindouros. Os ingleses foram colocados numa longa linha defensiva ao sul de Gazala, bem protegida por grandes campos minados e situada principalmente em bem defendidas 'caixas'. Estavam esperando que Rommel atacasse e ele não os desapontou. O plano de ataque de Rommel era simples e típico de seus métodos. Usando a infantaria italiana relativamente imóvel para instigar os ingleses em sua linha defensiva, ele movia sua força principal de ataque pelo sul. Esta era formada pela dividida Divisão Ariete Italiana, uma unidade que mais tarde Rommel declarou que nunca o decepcionou, mais a parte principal da Afrika Korps, formada pelas 15º e 23º Divisões Panzer e pela 90º Divisão Leve.

↑ Porto importante, estrategicamente, no Mediterrâneo, a captura de Tobruk capacitou os alemães a reduzirem sobremaneira suas ações logísticas e a abrirem um novo Porto Marítimo de Desembarque. Os Panzers de Rommel anteriormente dependiam de combustível, munição e suprimentos para se moverem por terra, que chegavam através do porto de Trípoli, capturado na Líbia. Era uma árdua jornada. Além das vias de suprimentos ficarem vulneráveis a ataques, havia sempre um risco a mais, de que elas pudessem ser prorrogadas, caso as divisões blindadas superassem a velocidade dos veículos de suprimentos. Quanto mais distante ficasse a extremidade da logística, mais comum esses fatos se tornariam.

→Tobruk ficou agora exposta ao ataque alemão. Possuía uma forte guarnição, mas as defesas haviam sido descuidadas e o Major-General Klopper se rendeu após apenas 48 horas de batalha. Cerca de 30 mil homens confusos e furiosos foram capturados, incluindo 19 mil soldados britânicos.

ATAQUE FRONTAL

Estas se moveram pelo sul nas imediações da parte final das linhas de defesa inglesas e então seguiram para o norte, enquanto a Divisão Trieste Italiana levava a cabo um ataque frontal contra a porção sul da linha. Em poucas horas, as forças de Rommel estavam bem na retaguarda das estáticas linhas inglesas e começaram a se dirigir para Knightsbridge Box, uma área defensiva que se tornou um ponto focal da batalha de Gazala. Assim que os ingleses perceberam o movimento de Rommel, deram início a uma demorada série de contra-ataques. Mas enquanto as unidades alemãs e italianas estavam operando em formações coesas sob um controle central, os ataques de tanques ingleses eram feitos por unidades fragmentadas, operando sob controles táticos diversos. Muitos desses contra-ataques foram feitos à maneira da tradicional cavalaria britânica com tanques dispostos em linhas perfiladas que simplesmente atacavam as formações alemãs, que os destruíam com uma combinação de canhões de tanques e fogo de canhões antitanques, incluindo ca-nhões de 37 mm e 88 mm, armas antiaéreas que acompanhavam os Panzers na ação. Estes ataques fragmentados, incluíram em parte os novos

←Em nível regimental, os blindados britânicos lutaram com um profissionalismo renovado, porém os comandantes principais reagiram muito lentamente e falharam em coordenar suas ações. Rommel liderou a partir do front, imprimindo sua marca pessoal na batalha, o que o manteve um passo adiante todo o tempo.

tanques Grant armados com canhões de 75 mm, recentemente chegados em campo, que tiveram alguns sucessos, e gradualmente as forças de Rommel foram diminuindo em quantidade e ficando menos efetivos à medida que os suprimentos de munição e combustível foram gastos.

O próprio Rommel contornou essa situação liderando uma coluna de suprimentos através dos campos minados e das linhas inglesas na noite de 29 de maio. Ele foi capaz de fazer isso porque os campos minados não eram cobertos pela artilharia defensiva e, assim, Rommel conseguiu levar o combustível que manteve suas unidades em movimento.

AÇÃO CONTÍNUA

A batalha de Gazala continuou por duas semanas numa série de ataques e contra-ataques que gradualmente ameaçavam os dois lados de chegar a uma completa imobilidade pela total exaustão. A principal regra dos alemães e italianos era seguir mantendo a iniciativa em toda parte, para assim serem capazes de mudar o ponto que desejavam atacar e também serem capazes de se retirar para o sul, quando a situação se voltasse contra eles. As tropas britânicas e da Commonwealth geralmente permaneciam estáticas ou seguiam de volta às bases de manutenção nas áreas de El Adem e Tobruk. De tempo em tempo, eram realizados ataques frontais contra a principal linha de defesa no sul de Gazala. Em meados de junho, a linha de manutenção de Rommel estava em estado precário, a ponto de suas unidades blindadas terem de se manter apenas com suprimentos que conseguiam capturar. Os Grants, quando confrontados, eram uma preocupação particular para os alemães, porque eram capazes de destruí-los apenas com o uso de seus canhões antiaéreos de 88 mm, embora as armas antiaéreas de 37 mm fossem apenas um pouco menos efetivas. Tobruk e seu cobiçado porto eventualmente caíram para os alemães, permitindo que eles cortassem as linhas de manutenção. Rommel continuou seguindo para o leste, entretanto seu avanço o levou até as linhas defensivas britânicas e do Commonwealth em Alam Halfa e, finalmente, em El Alamein, onde a guerra no deserto seria decidida.

← Em 13 de junho, a divisão blindada sobrevivente de Rommel triunfou novamente e o Tenente-General Neil Ritchie, do Exército Britânico, ordenou que a posição de defesa em Knightsbridge fosse abandonada. A XIII Corporação estava agora em perigo iminente de ficar isolada de Tobruk, daí ter sido também recuada.

GAZALA E TOBRUK
CRONOLOGIA

A linha ofensiva em Gazala, inicialmente, parecia que seria derrotada pela resistência blindada inglesa. As brilhantes táticas defensivas alemãs, entretanto, solaparam a força Aliada, e Rommel foi capaz de conquistar Tobruk.

1942

26 DE MAIO

Rommel lança sua maior ofensiva para tomar a Linha de Gazala — uma série de fortificações inglesas que cobriam mais de 80 km, do oeste de Gazala até Bir Hacheim, ao sul. No começo do entardecer de 26 de maio, a X e XI Corporações italianas, conhecidas coletivamente como Grupo Cruewell, iniciaram um diversificado ataque à metade da linha, ao norte.

19H00

Iniciam os ataques de Rommel nas imediações do setor sul da Linha de Gazala usando as 15ª e 21ª Divisões Panzer, a 90ª Divisão de Infantaria e XX Corporação italiana. Seu alvo é dar a volta na parte final da Linha de Gazala, em Bir Hacheim, e então atingir o norte da costa, capturando Tobruk e cercando os Aliados na Linha de Gazala.

27 DE MAIO

As tropas de Rommel atingem posições ao sul de Bir Hacheim e começam a mudar a posição do ataque para a direção norte. A 1ª Brigada Livre Francesa em Bir Hacheim mantém suas posições obstinadamente.

→ Um soldado Aliado instala seu canhão Bren na janela de uma casa bombardeada de Tobruk, pronto para defender a cidade contra um ataque aéreo.

↑ Uma posição defensiva Aliada na cidade portuária de Tobruk. Os Aliados esperavam que o ataque de Rommel viesse do oeste e do sudoeste. Ao atacar a cidade pelo sudeste, Rommel pegou a defesa no contrapé.

28 A 31 DE MAIO

As Divisões Panzer alemãs sofrem pesadas perdas entre seus blindados, particularmente quando tentam tomar o cume de Sidra (uma elevação atrás do centro da Linha de Gazala Line perto de Sidi Muftah). Em 1º de junho, perto de 30 por cento de seus tanques estavam perdidos. Rommel muda seu plano original. Ele para de seguir para o norte, ao invés disso, joga suas forças contra a 150ª Brigada britânica cerca de Sidi Muftah e prepara posições defensivas numa área oval de aproximadamente 16 km de extensão e 11 km de largura.

1º A 6 DE JUNHO

A área perto de Sidi Muftah fica conhecida como 'O Caldeirão'. A 150ª Brigada e destruída completamente e 4 mil soldados são capturados, e os Aliados perdem perto de 230 tanques tentando retomar o controle dos alemães.

10 E 11 DE JUNHO

A defesa francesa em Bir Hacheim é superada, finalmente, e recua. Em 11 de junho, os alemães chegam no 'Caldeirão'. Eles desviam para o sul, depois para o leste e então atacam a 7ª Divisão Blindada britânica nas imediações de El Adem.

11 A 18 DE JUNHO

Os Aliados são forçados a um recuo quando o Afrika Korps de Rommel ataca ao norte, seguindo seus objetivos originais. Em 18 de junho, Tobruk está completamente cercada. Tobruk é guarnecida principalmente pelo 2ª Divisão Africana do Sul, comandada pelo General Klopper.

20 DE JUNHO

Rommel começa a seu ataque contra Tobruk, iniciando com uma pesada artilharia e bombardeio aéreo. Por volta das 19h00, as 21ª e 15ª Divisões Panzer atravessam o perímetro das defesas de Tobruk e dos campos minados e entram na cidade.

21 DE JUNHO

O General Klopper entrega Tobruk a Rommel.

EVENTOS INTERNACIONAIS 1942

27 DE MAIO

Reinhard Heydrich, representante do Reich, protetor de Boêmia e Morávia e um dos arquitetos da 'Solução Final', sai seriamente ferido de um ataque feito com granada de mão, por membros da resistência tcheca. Ele morre em 4 de junho.

2 DE JUNHO

A RAF faz um bombardeio pesado contra a cidade industrial de Essen, na sequência de outro ataque contra Colônia, realizado em 31 de maio.

5 DE JUNHO

Os EUA declaram guerra contra Hungria, Romênia e Bulgária.

23 DE JUNHO

O campo de concentração de Auschwitz começa a sistemática matança de judeus usando a câmara de gás. As primeiras vítimas a entrarem nas câmaras são um grupo de judeus de Paris.

25 DE JUNHO

O Major General Dwight D. Eisenhower é eleito comandante das forças americanas na Europa.

26 DE JUNHO

Outro ataque maciço da RAF atinge a Alemanha, desta vez dirigido contra Bremen.

→ Um soldado alemão observa as posições dos Aliados. A paisagem do deserto tornava difícil as manobras ofensivas, que se tornaram dependentes do desgaste infligido por artilharia, tanques e ataques aéreos para vencer as defesas.

SACRIFÍCIO ESQUECIDO

OS COMBOIOS DO ÁRTICO

Junho de 1941: a sobrecarregada Royal Navy recebe uma nova e perigosa tarefa – levar comboios de suprimentos de guerra vitais até a União Soviética.

O ataque de Hitler contra a União Soviética em junho de 1941 deu à assediada Inglaterra um improvável e problemático aliado. A União Soviética necessitava de suprimentos urgentemente e tinha de vir por mar, aumentando as responsabilidades de uma já supercompromissada Royal Navy, e somente os portos soviéticos do Ártico podiam receber os envios por mar. Dependendo do tempo, isto demandava de 10 a 15 dias para a passagem dos comboios, com a rota flanqueada pelo leste através da Noruega ocupada pela Alemanha.

Durante o inverno, a massa de gelo flutuante forçava uma rota mais próxima da costa hostil, com quase quatro meses de completa escuridão fornecendo alguma cobertura, porém às custas de condições do tempo de impiedosa vilania. Com o lençol de gelo retraindo no verão, a rota podia ser levada mais distante da costa, mas em permanente luz do dia e aberta a ataques a qualquer hora. Assim como no Atlântico Norte, os comboios foram ameaçados predominantemente por submarinos e por outros que operavam no Mediterrâneo na superfície e pelo ar, o caminho pelo Ártico sofria também todas essas ameaças, e como resultado, um sistema de escolta foi organizado à luz dessas ameaças. Isso, logo forçou a criação urgente de uma escolta.

Nos primeiros dias, era comum o uso de corvetas traineiras antissubmarinas; uma cobertura próxima feita de cruzadores com liberdade de manobrar, com escolta de destróier, que podia rapidamente reforçar o comboio, quando necessário; e uma cobertura distante da Esquadra Home para manter guarda contra incursões das forças navais montadas pelos alemães no norte da Noruega.

↑ Quando os comboios no Ártico se estabeleceram em 1941, a marinha alemã destacou U-boats vindos da principal campanha no Atlântico, para operar a partir da Noruega, onde podiam agir com apoio da Luftwaffe. Tudo mudou em 1944, quando comboios maiores incluíram porta-aviões em suas escoltas.

GESTO POLÍTICO

Em 21 de agosto de 1941, o primeiro comboio formado de sete navios saiu da Islândia para Archangel, chegando sem acidentes 10 dias mais tarde. Isso aconteceu pouco depois da invasão da União Soviética, e foi tanto um gesto político quanto uma experiência. O ciclo dos comboios foi inaugurado logo depois disso, e a inabilidade dos alemães em interferir permitiu que a escolta fosse reduzida para apenas um cruzador e um par de destróieres.

Com a chegada do período de escuridão, o ciclo foi acelerado, tanto que num curto período, em fevereiro de 1942, 12 PQs (trajeto náutico de longa distância)

↓ O verão era a época mais perigosa para os comboios por causa das 24 horas diárias de luz do dia que os expunha a ataques aéreos. Por outro lado, o gelo retraía, permitindo que se navegasse à distância dos campos de pouso da Luftwaffe, na Noruega. As condições de tempo no inverno eram indescritíveis mas reduziam as atividades alemãs pelo ar e por superfície, no mar.

foram realizados, empregando um total de 93 navios, que passaram com a perda de um único navio para um U-boat (submarino alemão). Com a luz diurna se prolongando, em março de 1942, e com a passagem dos PQ12 e QP8 (trajeto de retorno de longa distância) evitando por pouco ser interceptados pelo navio de guerra recém-chegado KMS Tirpitz e seus destróieres, as coisas ficaram mais animadas. Somente três semanas depois o inimigo conseguiu estabelecer algo semelhante a uma coordenação e o PQ13 perdeu cinco na-vios: dois para os muito efetivos Junkers Ju 88 e seus torpedos, dois para U-boats e um para o ataque de um destroyer. No confronto com o último, a escolta que usualmente seguia bem próxima, teve a má sorte de perder o cruzador HMS Trinidad para um dos seus torpedos. Dois U-boats foram afundados, um deles atingido por uma mina oceânica, conforme anotação de um escrevente. O tempo imprevisível reduziu a chance de planejar intercepções de ambos os lados. Dezesseis dos 24 navios da PQ14 foram obrigados a retornar por causa das condições do gelo, mas Ju 88s decolando de Kirkenes afundaram dois dos navios vazios da QP10. Mais do que os aviões da 260 Luftwaffe e acima dos 30 U-boats estavam agora prontos e disponíveis os 'encouraçados de bolso' que haviam se dirigido para o norte. Apesar da luz do dia se estender agourentamente, os 'sagazes' enviaram a PQ16 em maio. Este comboio sofreu sete perdas, seis causadas por aviões. No final de junho, quando a PQ17 zarpou, as forças de superfície alemãs ao norte receberam como reforço o navio de guerra Tirpitz, um pesado cruzador e todos os destróieres que estavam disponíveis.

Em 1º de julho, oito U-boats estavam concentrados para atacarem o comboio, o qual também estava sob contínua vigilância aérea. Entretanto, somente em 4 de julho o ataque começou e o Almiran-

MURMANSK: AS ROTAS DE COMBOIOS

tado ordenou ao comboio que dispersasse, acreditando que o Tirpitz estava fora de combate. De fato, ele zarpou no dia seguinte e teve de retornar quase imediatamente. Entretanto, isso não ajudou o comboio, que perdeu 23 de seus 34 navios para aviões e submarinos; sozinhos ou em grupo pequenos, os navios remanescentes atravessaram os últimos 1.300 km virtualmente sem escolta.

↑ Conhecido como 'tamanco voador' pela Luftwaffe, o hidroplano de reconhecimento Blohm und Voss Bv 138 foi usado para acompanhar os comboios no Ártico.

ESCOLTA FORMIDÁVEL

O próximo comboio seguiu somente em setembro de 1942, na forma do PQ18. Seus 40 navios seguiram com uma escolta formidável, afinal, que incluía um porta-aviões. Os alemães se empenharam em montar uma grande força, mas embora o ataque aéreo em massa tenha afundado dez navios, e os submarinos outros três, o preço foi a perda de três U-boats e 27 aviões. Subsequentemente, os comboios para o lado norte foram recodificados como JW, começando com JW51. Essa demorada operação foi feita em duas partes. Nenhuma delas sofreu perdas, mas o cruzador e o destróier que vinham escoltando o JW51B tiveram uma ação defensiva corajosa, no último dia de 1942, contra um inimigo cujas forças de superfície eram bem superiores. Entre fevereiro e novembro de 1943 não seguiu nenhum comboio, pois as escoltas foram conduzidas para a rota do Atlântico, onde a ofensiva feita por U-boats havia atingido seu pico. Então, no espaço de nove semanas, um total de 106 navios seguiu para o norte, em seis operações, com a perda de somente três navios. Na primavera de 1944, os comboios dobraram em tamanho e eram acompanhados por um, algumas vezes dois porta-aviões como escolta. A aviação destes tiveram pouco trabalho, pois comandantes de U-boats menos experientes ficaram contrapostos a 20 destróieres mais um forte grupo de apoio, incapazes de atingir sequer as corvetas da escolta. Sem surpresa, os comboios seguiram até o final das hostilidades com poucas inconveniências além das eternas e impiedosas más condições do tempo. Ao todo, 1.526 navios estiveram envolvidos em 77 comboios indo e voltando de portos ao norte da União Soviética, com somente a perda de 98 navios, algo incrível. O sucesso de ponta a ponta dos comboios para o norte da União Soviética foi atribuído à dedicação e perseverança, sob as mais adversas condições, de navios mercantes e escoltas.

↓ Os soviéticos nunca aceitaram as dificuldades que envolviam a navegação pela rota do Ártico e queixavam-se da 'covardia inglesa'. O Primeiro Comandante chegou a perguntar ao embaixador soviético se ele gostaria de comandar a Royal Navy.

SACRIFÍCIO ESQUECIDO
CRONOLOGIA

Entre agosto de 1941 e maio de 1945, os comboios que partiram do Reino Unido injetaram 4,43 milhões de toneladas em suprimentos no esforço bélico soviético. Os deveres dos comboios eram feitos sob constante ameaça dos submarinos e do tempo intimidador no Ártico nos mares da Noruega e Barents.

↑ Uma fotografia de reconhecimento aéreo feita pela Alemanha do comboio PQ17 seguindo para Murmansk. As letras nos títulos dos comboios se referem aos pontos de partida e de destino, P é referente à Islândia e Q, ao norte da Rússia. Os números eram, simplesmente, indicadores da seqüência numérica.

1941

21 DE AGOSTO

O primeiro comboio para o Ártico zarpou para a Rússia partindo de Scapa Flow, na Escócia, levando caças Hurricane e outros suprimentos de guerra.

1942

20 DE MARÇO

O comboio PQ13 partiu para o norte da Rússia, mas foi interceptado por submarinos alemães, aviões e destróieres. Dos 19 navios, cinco foram perdidos, a maior perda até então de um único comboio no Ártico.

27 DE JUNHO A 28 DE JULHO

O comboio PQ17 partiu de Reykjavik, Islândia, consistindo de 36 navios. Durante a viagem, 34 navios foram afundados pelos submarinos alemães ou por ataque de aviões, a pior perda de um comboio dirigido à Rússia, de toda a guerra.

AGOSTO E SETEMBRO

Os comboios para o Ártico são suspensos, enquanto a navegação é desviada em apoio do desembarque dos Aliados no norte da África.

2 A 26 DE SETEMBRO

O comboio PQ18 faz a viagem até a Rússia com 40 navios sob uma escolta reforçada, com a proteção de 17 destróieres e o porta-aviões Avenger. Embora o comboio sofra perdas pesadas — 13 navios afundados — a escolta melhorada numericamente e em táticas, obtém uma taxa de sobrevivência maior que os comboios anteriores.

31 DE DEZEMBRO

A Batalha do Mar Barents. O comboio JW51B é atacado pelos navios de guerra alemães Lützow e Admiral Hipper e seis destróieres. Apesar de estar em desvantagem numérica, a unidade de escolta de seis destróieres Aliados, comandados pelo Capitão Robert Sherbrooke, defende o comboio com sucesso, perdendo dois destróieres mas protegendo os navios mercantes. A derrota enfurece Hitler, tanto que o comandante-em-chefe da Marinha Alemã, Almirante Raeder, renuncia.

1943

MARÇO A AGOSTO

O tráfego de comboios no Ártico fica suspenso por causa das prioridades no Atlântico e também porque o cruzador alemão Scharnhorst foi mandado para as águas norueguesas, para se juntar ao Tirpitz e ao Lützow.

22 DE SETEMBRO

Um ataque ousado contra o Tirpitz, feito por submarinos anões da Royal Navy, põe o grande navio de guerra alemão fora de ação, por seis meses.

NOVEMBRO

Os comboios russos reduzem suas atividades no decorrer de novembro e dezembro.

26 DE DEZEMBRO

O comboio JW55B é atacado pelo Scharnhorst e cinco destróieres alemães perto de Bear Island. O navio de guerra fica envolvido numa intensa batalha contra os navios de guerra da Royal Navy e vai a pique às 19h30. De toda tripulação, apenas 36 se salvam.

1944

3 DE ABRIL

Ancorado em Altenfiord, o Tirpitz é atacado pelos aviões da Esquadra da Unidade Aérea. Embora não tenha sido afundado, ele fica fora de ação por mais três meses.

MAIO A JULHO

A atividade de comboios no Ártico é suspensa mais uma vez, quando os recursos são desviados para a operação de desembarque na Normandia.

15 A 29 DE AGOSTO

O Tirpitz sofre mais danos durante a luta contra escoltas do comboio JW59.

NOVEMBRO

Enquanto a situação crítica da Alemanha segue a direção do colapso na guerra, os comboios russos gozam de um mês sem nenhuma perda. Em 12 de novembro, o Tirpitz é finalmente destruído por um bombardeio da RAF sobre Troms.

MAIO DE 1945

Passado o período de quase um ano, com ape-nas a perda de oito navios, o último comboio russo, JW67, zarpa entre o Clyde e o Kola, pouco depois da rendição alemã.

EVENTOS INTERNACIONAIS

1941

22 DE JUNHO

A Alemanha invade a União Soviética na Ope-ração Barba-Roxa, dando início ao maior campo de guerra da história.

7 DE DEZEMBRO

O Japão lança um ataque-surpresa contra a esquadra americana no Pacífico, em Pearl Harbor, Havaí. A ação conduz os EUA à II Guerra Mundial.

↑ Uma visão comum dos comboios do Ártico: uma das escoltas coberta de gelo, seus canhões ficavam inoperantes até que o gelo fosse todo retirado. Entretanto, a principal ameaça para a integridade dos comboios para a União Soviética estava sob a superfície do mar: os U-boats (submarinos).

1942

15 DE FEVEREIRO

A colônia britânica de Cingapura cai para os japoneses. É a pior derrota do Exército Britânico da história, com mais de 130 mil soldados Aliados sendo aprisionados.

1º DE JUNHO

Três submarinos-anões japoneses atacam na costa de Sydney, na Austrália. Embora tenham sido afundados, eles conseguem pôr a pique um navio mercante e provocam considerável efeito psicológico na população australiana com a iminência de uma invasão japonesa.

1943

31 DE JANEIRO

Os últimos remanescentes do 6º Exército alemão, em Stalingrado, se rendem às forças soviéticas, tendo perdido 200 mil soldados. É a primeira grande derrota alemã na guerra.

13 DE MAIO

As últimas forças alemãs que permanecem no Norte da África se rendem como resultado da campanha de sucesso dos Aliados na Tunísia.

3 DE SETEMBRO

As forças americanas e inglesas invadem a Itália, forçando a Alemanha a abrir um novo front de operações.

1944

6 DE JUNHO

Operação Overlord. Os Aliados abrem o Segundo Front com o desembarque anfíbio maciço em Normandie, França.

28 DE DEZEMBRO

A Ofensiva Ardennes, a última tentativa de Hitler para derrotar o avanço Aliado através da Europa, falha com pesadas perdas alemãs.

1945

7 DE MAIO

Na sequência do suicídio de Adolf Hitler, e com Berlim a ponto de cair para os russos, a Alemanha se rende.

14 DE AGOSTO

O Japão assina sua rendição incondicional aos EUA, depois de duas bombas atômicas atiradas sobre Hiroshima e Nagasaki.

DESASTRE EM DIEPPE
FALHA O SEGUNDO FRONT

Alvorada, 19 de agosto de 1942: começa a maior ofensiva para atravessar o Canal, na cidade de Dieppe. Entretanto, os alemães estavam prontos e aguardando.

A Operação 'Jubilee', a incursão em Dieppe, foi a maior operação de seu tipo levada durante a II Guerra Mundial. Dez grandes unidades militares tomaram parte — a maioria formada por canadenses. As perdas foram pesadas, somente uma das formações cumpriu seu objetivo, mas a operação teve êxito em responder a uma questão vital que vinha incomodando os Aliados desde Dunkirk, quando pela primeira vez se percebeu que para derrotar Hitler e tudo que ele significava, uma invasão da costa francesa teria de ser efetuada. A questão era: seria possível capturar um porto francês durante os primeiros dias da invasão? A tentativa de capturar Dieppe foi feita por seis batalhões e um regimento blindado da 2ª Divisão Canadense, desembarcando em Puys, Pourville e nas praias de Dieppe, entre estas duas vilas. Porém, de cada lado do costal havia uma bateria de canhões de defesa, os quais eram capazes de explodir na água todo navio que se aproximasse da margem. Para lidar com esse problema, dois Comandos Britânicos foram enviados — o Nº 4 pelo oeste, para destruir as baterias em Vesterival-sur-Mer e Varengeville, e o Nº 3 pelo leste, para destruir aquelas de Berneval.

DESEMBARQUES CANADENSES

Em 8 de agosto de 1942, 252 embarcações partiram de quatro portos ingleses ao sul, os nove navios com a infantaria carregavam homens da Essex Escocesa e da Royal Hamilton Light Infantry para desembarcar em praias diante do Cassino Dieppe; da South Saskatchewan Regiment e da Queen's Own Cameron Highlanders of Canada para desembarcar em Pourville; e do Royal Regiment

← Embora fosse uma formação da segunda guarnição, a 302ª Divisão de Infantaria Alemã no setor de defesa de Dieppe havia fortificado bem sua posição e a praia estava completamente coberta por campos de descarga de armas de fogo, interligados.

→ 27 tanques Churchill desembarcaram na praia e 12 foram abatidos antes que pudessem andar não mais que algumas jardas. Os outros foram incapazes de entrar na cidade e foram destruídos um a um.

MASSACRE: A QUEDA DO REGIMENTO CALGARY

of Canada para desembarcar em Puys. O 14º Batalhão de Tanques do Exército Canadense e os Fuzileiros Mont-Royal iriam desembarcar para dar apoio ao ataque em Dieppe, enquanto que o Comando 'A' da Royal Marine iria dar assistência na captura de promontórios que dominavam as praias abertas.

ATAQUE CONVENCIONAL

Às 3h35 de 19 de agosto, os comboios partiram para seus objetivos, os homens estavam prontos em suas embarcações de desembarque. Uma aproximação do litoral, aparentemente sem ser notada, estava em progresso. Então, um clarão de fogo no flanco esquerdo revelou que o Comando Nº 3 havia encontrado um navio inimigo fora de Berneval, e em poucos minutos, todas as defesas inimigas estavam em alerta. Todavia, no flanco direito as tropas do Comando Nº 4 estavam levando adiante um ataque convencional. Eles desembarcaram na hora marcada, estavam em terra firme e se aproximando de seu alvo principal, de duas direções às 5h40, haviam destruído um ninho de metralhadoras às 6h07 e às 6h30 atacaram a bateria principal. As cargas explosivas foram instaladas, os canhões inutilizados e o Comando Nº 4 estava de volta a sua embarcação e retornando para casa às 7h30. No extremo leste, o Comando Nº 3 havia emergido de uma batalha contra os navios inimigos, muito espalhado, e somente uma tropa de 17 homens e três oficiais estava em terra firme pontualmente. Porém, eles tanto fustigaram seu alvo, a Bateria Goebbels, com franco-atiradores e fogo de canhões Bren, que os canhões deles nunca participaram do ataque principal que estava ocorrendo em Dieppe. Porém, entre esses dois comandos de ataque, um desastre total aconteceu com os canadenses. Quer os alemães tenham recebido informações antecipadas sobre a Operação 'Jubilee' ou não (e havia evidências de que eles receberam), eles haviam se antecipado a uma tentativa de desembarque nas praias de Dieppe, se preparando meticulosamente para ele. Pesadas metralhadas foram instaladas ocultas e espalhadas e um emaranhado de arame farpado espalhava-se pelas praias, entre o mar e o passeio, e quando os desesperados sobreviventes do primeiro desembarque mergulhavam em buracos na areia e se protegiam, morteiros eram despejados entre eles com tal precisão que apenas seria conseguida com uma cuidadosa pré-preparação. Franco-

-atiradores acertavam todos que mostravam liderança, tanto que nenhum oficial de comando nem os poucos comandantes de companhias sobreviveram naquela manhã, e a batalha se tornou uma série de ações desesperadas e individuais; a maioria foi morta assim que seus propósitos eram percebidos — e os pequenos grupos eram rapidamente isolados.

PRESOS NAS PRAIAS

O ataque em Dieppe começou no raso do mar e morreu na praia. Os Essex Escoceses e os Royal Hamiltons enfrentaram tal poder de fogo que não se sabe se algum deles sobreviveu, chegou aos campos de prisioneiros e depois voltou para casa. As embarcações com tanques que tentaram lhes dar apoio eram arruinadas assim que emergiam da fumaça, e seus tanques eram atingidos tão logo que as rampas baixavam. Mesmo assim, 27 tanques alcançaram o litoral e seis deles atravessaram o arame farpado e alcançaram o passeio. Um subiu as escadas do cassino, e três andaram ao longo do passeio disparando contra o inimigo até acabar a munição: no final, todos estavam destruídos e suas tripulações foram mortas. Ignorando a verdadeira situação, o comando enviou reservas dos Fuzileiros Mont-Royal e da Royal Marine: porém, sem qualquer benefício, esses homens foram virtualmente desperdiçados. Por volta das 9h00, a verdadeira situação havia sido descoberta e foi feita uma tentativa de retirada. A esquadra naval tentou desesperadamente retirar os homens das praias, mas os sacrifícios foram pouco recompensadores; no começo da tarde de 19 de agosto, os navios finalmente se retiraram para fazer o triste caminho da volta, deixando para trás 215 oficiais canadenses e 3.164 soldados, 279 oficiais da Royal Navy ou oficiais de comando e outros 726 britânicos de outros postos e graduações. Também retornaram com a resposta para aquela questão vital. Era um ressonante 'Não!' Se um porto era necessário nos primeiros dias da grande invasão, então os Aliados deviam levar um com eles.

↑ Basicamente, um caça bombardeiro de muito sucesso, o Hawker Typhoon entrou em ação a primeira vez sobre Dieppe. Os resultados foram pouco auspiciosos, com duas unidades perdidas quando foram atacados erroneamente por Spitfires canadenses. Todo empenho Aliado pelo ar foi pobremente coordenado e falhou na ajuda das tropas em terra.

← Oficiais alemães examinam o interior de uma embarcação de desembarque destruída. Há alguma evidência que os alemães estavam previamente avisados sobre o ataque a Dieppe, mas de qualquer modo, o ataque perdeu o elemento surpresa quando o veículo de desembarque do Comando 3 encontrou um comboio costeiro alemão.

DESASTRE EM DIEPPE
CRONOLOGIA

Dieppe foi uma cara experiência na guerra anfíbia. O mal planejado ataque contra o porto ocupado pela Alemanha custou a vida de 4 mil soldados Aliados.

1942

20 DE MAIO

Tropas canadenses da 2ª Divisão de Infantaria Canadense começam a treinar na Ilha de Wight para a Operação Rutter, um ataque anfíbio contra o porto francês de Dieppe, ocupado pela Alemanha. A Rutter fica marcada para o dia 7 de julho.

7 DE JULHO

O ataque é adiado por causa das más condições do tempo no mar. Debates seguiram sobre a operação, se deveria ou não ser cancelada completamente. Ao invés disso, o Vice-Almi-rante Mountbatten manteve o plano, sob um novo nome, Operação Jubilee.

19 DE AGOSTO

A Operação Jubilee é lançada usando uma força de 4.962 soldados canadenses, mil soldados britânicos e 50 soldados americanos da tropa de choque transportados por 237 embarcações.

↑ Tropas canadenses com um veículo blindado Bren Carrier esperam pela embarcação que os levará até Dieppe. Muitos veículos Aliados, ao desembarcar, foram incapazes de superar os bancos de cascalho e os obstáculos de concreto nas praias, e foram destruídos rapidamente.

3H48
Parte da força de desembarque tem contato com um comboio alemão horas antes do desembarque, perdendo o elemento surpresa em setores-chave ao longo de 10 milhas de front.

4H30
Unidades canadenses promovem ataques pelos flancos contra baterias e posições alemãs costeiras, em Varengeville, Pourville, Puys e Berneval. Os desembarques em Varengeville e Pourville são feitos quase sem oposições, e em Berneval, uma pequena seção do Comando Nº 3 consegue manter em silêncio as baterias, por cerca de 90 minutos. Em Puys, unidades da Royal Regiment do Canadá e da Black Watch têm sérias perdas na praia.

← Um soldado alemão, armado com muitas granadas, inspeciona a destruição nas praias de Dieppe. O desastre em Dieppe levou os Aliados a fazer grandes revisões nas táticas de guerra anfíbias. Pontos-chave que emergiram foram, a necessidade de ter barcos mais funcionais para desembarque e a aplicação de fortes bombardeios prévios, mas muitos continuaram a achar que Dieppe não foi mais do que um inútil desperdício de vidas.

5H20
O principal ataque tem início no setor central. Unidades alemãs estão agora em alerta total, sabedoras dos ataques pelos flancos. As unidades do 14º Regimento de Tanques do Exército, do Regimento Escocês Essex, e do Royal Hamilton Light Infantry ao desembarcar são recebidas por chuvas de disparos de metralhadoras. Os blindados desembarcam na praia 15 minutos depois, porém, 15 dos 27 veículos são abatidos ou não conseguem atravessar os bancos de cascalho e as barreiras colocadas junto ao mar.

11H00 - 14H00
Tendo sofrido enormes perdas e feito pouco progresso, as forças Aliadas se retiram de Dieppe. Por volta das 14h00, os soldados sobreviventes são evacuados, deixando para trás 3.367 mortos, feridos ou prisioneiros.

EVENTOS INTERNACIONAIS 1942

15 DE AGOSTO
Churchill e Stalin se encontram em Moscou para discutirem opções estratégicas para operações no Norte da África e para a abertura de um Segundo Front no continente europeu.

↑ Os comandos britânicos permanecem desafiadores, mesmo depois do ataque a Dieppe. Os Comandos do Exército foram formados em 1940 pela vontade de Winston Churchill em juntar uma unidade de elite capaz de investidas operacionais, usando as últimas novidades em armas e táticas. Em Dieppe, os Comandos Nºs 3 e 4 foram usados para atacar as posições das baterias alemãs na costa em Berneval e Varengeville, respectivamente.

17 DE AGOSTO

12 bombardeiros americanos AF Flying Fortress destroem a ferrovia de Rouen, na França. Foi o primeiro ataque conduzido por bombardeiros americanos na guerra. Todos os aviões e tripulações retornaram ilesos para as bases na Inglaterra.

19 DE AGOSTO

Tropas australianas da 7ª Divisão entram na campanha em Nova Guiné, com desembarques anfíbios em Porto Moresby.

21 DE AGOSTO

O líder do governo colaboracionista francês Marechal Pétain, cumprimenta as forças alemãs por derrotar as forças Aliadas no ataque em Dieppe.

22 DE AGOSTO

O Brasil declara guerra contra Alemanha e Itália. A declaração se deu em consequência do afundamento de vários navios mercantes brasi leiros, provocados por submarinos alemães. O Japão foi excluído dessa declaração.